£ 10

Signed

I Enriwen
syda diolch

Mari Ellis   £3

Tra

[7]/12

Y GOLAU GWAN

LLYTHYRAU TOM ELLIS AS
AT ANNIE DAVIES

Golygydd: MARI ELLIS

Gwasg
Gwynedd

Argraffiad Cyntaf — Mawrth 1999

© Mari Ellis 1999

ISBN 0 86074 156 7

*Cyhoeddwyd ac Argraffwyd
gan Wasg Gwynedd, Caernarfon*

I MARGED A ROLANT
AC ER COF AM EU TAD,
MAB ANNIE A TOM

Ysgrifennwyd y llythyrau hyn flynyddoedd lawer cyn safoni orgraff yr iaith Gymraeg yn 1928 ac ni theimlai'r golygydd na'r cyhoeddwyr y dylid ymyrryd â'r testun gwreiddiol.

Cafodd Tom Ellis A.S. ddau gofiant, un yn Gymraeg mewn dwy gyfrol gan ei fab, T. I. Ellis, ac un yn Saesneg, *The Forerunner* gan Neville Masterman; heblaw amryw lyfrynnau, erthyglau coffa a cherddi. Hyd yn hyn ni chafwyd yr un gyfrol i goffáu ei wraig Annie. Mae hyn yn hollol nodweddiadol o'r byd cyhoeddi ac awduron; y gŵr yn cael cofiant a'r wraig yn cael ychydig frawddegau yn y cofiant hwnnw. Diau fod yna reswm digonol am hyn yn achos rhai gwragedd nad oedd iddynt arbenigrwydd. Eto ni allwn ond gresynu am anwybyddu gwragedd rhai gwŷr enwog, a hwythau wedi cyflawni llawer yn eu ffyrdd eu hunain ac wedi dylanwadu ar eu gwŷr ac ar bobl eraill. Mae cyhoeddi'r llythyrau a anfonodd Tom Ellis at Annie Davies yn ystod y flwyddyn 1897 hyd at eu priodas ar 1 Fehefin 1898 yn un ffordd o ddyfod i'w hadnabod, er y byddai darllen ei llythyrau hi ato fo yn cyfoethogi ein gwybodaeth o'r berthynas rhyngddynt. Rhaid ei bod yn ferch arbennig iawn i ysbrydoli'r fath fynegiant o gariad.

Ceir rhai ffeithiau am ei thylwyth a'i chefndir yng nghofiant y Prifathro J. H. Davies (T. I. Ellis 1963), ac yn y cofiannau i Tom Ellis ond dim am ei bywyd personol, ei haddysg a'i diddordebau. Hyd yn oed yn yr adroddiadau papur newydd am ei phriodas ychydig iawn a ddywedir amdani, ond llawer iawn am ei thras — yn ddynion i gyd. Daw'r llen i lawr yn bendant ar ôl 1899 ac nis crybwyllir o hynny ymlaen. Sut y bu iddi ddygymod â'i gweddwdod ar ôl deng mis o fywyd priodasol? Sut yr wynebodd hi'r angladd cyhoeddus yng Nghefnddwysarn? Ond yn fwy na dim, beth am ei phrofiad yn Cannes adeg y Pasg 1899, a'i gŵr yn anymwybodol ac yn raddol golli'r dydd? Pan welais gyfeiriad at gerdd gyda'r teitl 'Cydymdeimlad' a gyflwynwyd iddi gan Gwyneth Vaughan, dechreuais obeithio. Ond cerdd ydyw yn llawenhau am eni mab i Annie ac yn mynegi'r gobaith y byddai'n cadw ysbryd ei dad yn fyw ym Meirionnydd. Cyhoeddwyd y gerdd yn *Cymru* (O. M. Edwards) rhifyn 15 Mai 1900.

Fel y crybwyllwyd uchod, unochrog yw'r llythyrau; rhai a sgrifennodd Tom Ellis sydd ar gael, ond gwyddom iddi eu hateb yn ffyddlon ac yn llawn. Ynddynt datgelodd ei hofnau a'i hamheuon, rhoes gyfrif am y llyfrau a ddarllenai, am yr oedfaon a fynychai ac adrodd hanesion doniol am ei brodyr a'i chwiorydd ac am gyfeillion. Sonia hefyd am ddyddiadur a gadwai mor ddefosiynol, a Tom Ellis yn ei hannog i barhau gyda'r gwaith pwysig hwn. Dywed ef ei fod yn ail-ddarllen rhai o'i llythyrau drosodd a throsodd. Wedi iddo farw llosgodd hi'r dyddiadur a'r holl lythyrau a sgrifenasai ato. Ni wyddom beth oedd ei chymhelliad na pha bryd y gwnaeth hyn. A ddaru hi edifarhau? Ynteu a farnai fod yr hyn a oedd ynddynt yn rhy gysegredig i'w rhannu â neb arall? Ni ddangosodd hwy i'w mab, ond hwyrach iddi eu difa cyn iddo fo fod yn ddigon aeddfed i'w ddarllen. Hwyrach i'r dyddiadur godi hiraeth arni ac iddi yn ei hunigedd neu mewn dwfn anobaith, ddileu'r dystiolaeth am ei gobeithion gynt. Ni allwn ond dyfalu. Trwy drugaredd, diogelodd y llythyrau caru sy'n awr yn cael eu cyhoeddi am y tro cyntaf.

Dechreuodd Annie sgrifennu ei Hatgofion ym mis Mawrth 1933, ond er iddi restru un ar ddeg o benodau, ni chwblhaodd y gwaith, a bu farw yn 1942. Ymgorfforwyd darnau o'i Hatgofion yn y cofiant i'w brawd, *John Humphreys Davies, 1871-1926* (T. I. Ellis) 1963, lle ceir darlun o fywyd teulu, yn arbennig y plant yn y Cwrt-mawr, Llangeitho, sir Aberteifi. Fe'i ganed ar 5 Ebrill 1873, y drydedd ferch i Robert Joseph a Frances Davies. Ganed Sara, y ferch hynaf yn 1864, a phriododd y Parch John M. Saunders yn 1887. Hi oedd awdur y nofel *Y Diwygiad ym Mhentre Alun* (1907) a chyfrannodd lawer i'r cylchgrawn *Young Wales* a chyhoeddiadau'r Cyfundeb, wrth y llythrennau SMS, sef Sara Maria Saunders.

Yr oedd Mary, a aned yn 1867 yn ddi-briod; bu mewn ysgol yn yr Almaen, a hoffai deithio'r cyfandir. Bu farw'n ddisymwth o'r ffliw 'Sbaenaidd' yn 1918. Eliza Charles, neu Lily fel y'i gelwid oedd yr ieuengaf o'r teulu, wedi'i geni yn 1876. Cafodd y gair o fod braidd yn wamal ei natur. Priododd â'r Parch J. E. Hughes, gweinidog Seilo, Caernarfon o 1894 hyd 1926. Fel Herald y cyfeiriai hi ato yn ei llythyrau.

Ei brawd John oedd yr arweinydd ym mhob chwarae a direidi, neu ddrygioni, fel y dywedir yn sir Aberteifi. Geilw Annie ei hun yn *Tomboy* ac edrychai ar John fel arwr. Yr oedd ei brawd Walter flwyddyn yn iau na hi, wedi'i eni yn 1874. Bu'n feddyg teulu uchel ei barch yn Llanidloes am flynyddoedd. Bu Robert y brawd hynaf farw yn bedair ar bymtheg oed yn 1879; David Charles oedd yr hynaf wedyn, ac yn yr Unol Daleithiau y bu ef hyd ei farw yn 1928.

Rhwng y blynyddoedd 1868 a 1880 athrawesau preifat, *governesses* a roddai wersi i'r plant. Yn ôl Atgofion Annie cafodd rhai ohonynt amser ofnadwy yn ceisio cadw trefn ar y bechgyn. Saesneg a siaradent a dyna oedd iaith yr aelwyd, er bod pob aelod o'r teulu yn medru siarad Cymraeg. Yn Gymraeg yr addolent a darllen eu Beibl a'u Llyfr Emynau. Cymraeg a siaradai'r morynion a'r gweision a threuliai'r plant lawer o'u hamser yn eu cwmni, yn enwedig y rhai a gyflogid yn eu tro fel *nursery governess* i ofalu am y plant cyn iddynt dyfu i oed ysgol. Hyn sydd i gyfrif, yn ddiau am dafodiaith bersain y llyfrau a'r ysgrifau Cymraeg a gyhoeddodd Sara. Eithr aethai'n arferiad yn y cyfnod i deuluoedd a gyfrifid dipyn yn uwch eu safle cymdeithasol na'r werin i siarad Saesneg â'i gilydd. Canlyniad hyn oedd na fedrai'r plant, y genethod yn enwedig gymysgu â phlant yr ardal a gwneud cyfeillion. Dywed Annie iddi gael ei magu i ystyried ei hun yn rhagorach na'i chymdogion; cyferchid hi fel Miss Annie a'i brodyr, yn rhyfedd iawn fel *Sir* Johnnie a *Sir* Walter, ac wrth i'r teulu deithio yn y cerbyd drwy'r pentref arferai'r gwragedd roi cyrtsi iddynt a'r dynion yn codi eu capiau. Wedi sgrifennu hyn yn ei Hatgofion ychwanega Annie iddi dderbyn y cyfan yn hollol naturiol nes iddi ddyfod i ddeall gwell pethau.

Yn wahanol i'w chwiorydd, aeth Annie i ysgol Llangeitho yn 1882, pan oedd hi'n naw oed. Cerddai'r ddwy filltir yno gyda'i brodyr John a Walter, yn cario eu tocyn, sef eu cinio i'w fwyta yn y tŷ capel. Honna i'r flwyddyn a hanner a dreuliodd yno wneud lles mawr iddi, nid yn unig am iddi gael gwell crap ar rifyddeg, *arithmetic,* ond am iddi ddyfod i adnabod plant o'r un oed â hi. Nid oes dim tebyg i fod mewn ysgol er mwyn dyfod i adnabod cymeriad plant. Yno y daeth i ddeall sut fyd ydoedd hi ar blant cyffredin.

Byddai materion yr enwad yn cael eu trafod yn gyson gan ei rhieni, y ddau ohonynt o dras Fethodistaidd enwog. Mewn cwpwrdd mawr neilltuai'r tad un drôr i ddal papurau'r Cyfarfod Misol, un arall i faterion y tŷ cwrdd yn Llangeitho ac un arall eto ar gyfer dogfennau'r Gymanfa Gyffredinol yr oedd ef yn drysorydd iddi. Esboniodd i Annie beth oedd gwahanol swyddogaeth y Gymanfa Gyffredinol, y Sasiwn a'r Cyfarfod Misol, a syndod iddi oedd darganfod na wyddai Marian a Leta Edwards, merched y Prifathro T. C. Edwards ddim oll am y gwahaniaethau hyn.

Pan oedd Annie'n byw yn Llundain yn 1914 sgrifennodd ei hatgofion am y Seiet Pen Mis yn Llangeitho yng nghyfnod ei magwraeth. Yn y *Gorlan,* cylchgrawn capel Charing Cross Road y mae'r ysgrif. Nid yw'n enwi'r pentref, eithr disgrifia sut le oedd yno ar fore Sadwrn cyn Sul y Cymundeb ddeng mlynedd ar hugain yn gynt. Cynhelid y Seiet am hanner dydd a deuai pawb yno. Golygai'r gair *pawb* y Methodistiaid Calfinaidd, oherwydd dyna oedd mwyafrif pobl y pentre. Sut bynnag, gwae'r meistri, o ba enwad bynnag na chaniatâi i'w gwasanaethyddion fynychu'r Seiet. Deuai'r torrwr cerrig a'i 'gôt ddiwetydd' gydag ef yn y bore, a newid iddi i fynd i'r Seiet a gadael ei gôt waith ar ei bentwr cerrig ar ochr y ffordd. Dyry Annie ddisgrifiad manwl o'r blaenoriaid, pob un â'i nodweddion ei hun, ac adroddai ambell ŵr a gwraig o'r llawr eu profiadau. Aethai hyn ymlaen yn ddi-dor ers cant a hanner o flynyddoedd, meddai Annie a theimlai hi'n fraint o fod wedi cael y fath brofiad i'w pharatoi ar gyfer Sul y Cymundeb.

Dywed Annie drosodd a throsodd yn ei Hatgofion mai plentyn swil iawn ydoedd, ac wrth iddi brifio'n dalach na'i chwiorydd, fe gâi fwy o sylw, a hynny'n gwneud pethau'n waeth. Cyrhaeddodd ei llawn dwf, pum troedfedd deng modfedd yn bedair ar ddeg oed. Ond ymfalchïai ei thad yn ei thaldra a dweud wrthi mor braf oedd medru cerdded gyda rhywun o'r un taldra ag ef ei hun. Dywedodd fod ei fam hefyd yn bum troedfedd deng modfedd. Eliza, merch David Charles, Caerfyrddin oedd ei fam.

Yn 1883 etifeddodd ei thad dŷ, 35 North Parade, Aberystwyth ar ôl modryb iddo, chwaer ei dad. Gwelodd Frances Davies y tŷ fel ateb i'w phroblem o sut i roddi addysg briodol i'r merched. Yr oedd John eisoes yn Ysgol Gelli-gaer, a Mary yn ysgol Dr. Williams, Dolgellau. Teimlai'r fam fod Annie, Walter a Lily yn rhy ifanc i adael cartref. Penderfynodd fynd i fyw i'r tŷ yn North Parade. Yr oedd yn gas gan ei gŵr fyw yn y dref ac arhosodd yn y Cwrt-mawr, a chyflogi gŵr a gwraig i edrych ar ei ôl yn ystod tymhorau'r ysgol pan oedd Frances a'r plant yn Aberystwyth. Yr oedd dewis o ysgolion yn y dref yn y cyfnod hwn, fel y gwelir wrth yr hysbysebion yn y papur lleol. Anfonwyd y chwiorydd i ysgolion gwahanol am ryw reswm na fedrodd Annie erioed mo'i ddeall. Tynnwyd Mary o Ysgol Dr. Williams, Dolgellau a'i hanfon i Oxford House, a gyrrwyd Annie i'r Aberystwyth High School, sef Caerleon House, ysgol Miss Trubshaw, a Lily i ysgol a gedwid gan Mr a Mrs Rush. Er mai athrawes wael oedd Miss Trubshaw, ym marn Annie, gadawyd hi o dan ei gofal am dair blynedd. Cyd-ddisgybl iddi oedd Leta Edwards, merch Prifathro'r Coleg. Un snobyddlyd oedd hi, mae'n rhaid, oherwydd daliai Annie i gofio'r geiriau cas a ddywedai amdani wrth y genethod eraill a hynny yn ei chlyw. Ensyniai na fedrai ei mam fforddio prynu dillad ffasiynol iddi; wrth fod Annie'n eneth dal, tynnai sylw'r llygaid maleisus. Er hynny gwnaeth gyfeillion yno, a dyna un o'r manteision a deimlai o ddyfod i fyw i'r dref.

Yn 1886 anfonwyd hi a'i chwaer Mary i'r Kilburn Ladies' College yn Llundain; yr hyn a elwid yn *finishing-school* oedd hon a'r Brifathrawes oedd Miss Asheston Smith. Yr oedd Mary'n ddwy ar bymtheg oed, ond er mai tair ar ddeg oedd Annie yr oedd yn dalach na hi, yn boenus o swil, ac yn wahanol iawn o ran anian. Cadwodd ei rhieni ei llythyr cyntaf o'r ysgol ym mis Hydref 1886. At ei thad y sgrifennodd am fod Mary'n anfon llythyr at ei mam. Dywedai mai uchel-eglwyswyr oedd y genethod, yn adrodd y colectau yn y gwasanaeth dyddiol, a gwneud arwydd y groes. Ni chydymffurfiai Annie, '. . . *I do not like church and never shall, but I like chapel . . .*' meddai'r Fethodist selog. Gofynnodd i'w thad gyfeirio ei lythyr ati hi, yn hytrach na'i roddi yn amlen Mary; nid oedd hi wedi cael yr un llythyr er pan ddaethai yno. Blwyddyn yn unig yr arhosodd yn Kilburn; ofnai ei rhieni ei bod yn prifio'n rhy gyflym, ac yng ngeiriau'r oes honno '*outgrowing my strength*'. (Cafodd ei mab yr un broblem yn 1912). Anfonwyd Lily i'r ysgol yn Kilburn yn ei lle.

Yn ystod y flwyddyn y bu hi gartref, sef 1887 priododd ei chwaer Sara â John Maurice Saunders, mab Dr. David Saunders, Abertawe, gweinidog Methodist enwog. Rhoes y papur lleol gryn sylw i'r briodas gan mai 'merch y plas' oedd yn priodi. Yn wahanol i'r confensiwn arferol, yn y capel y bu'r briodas, nid yn yr eglwys, a Chymraeg oedd y gwasanaeth.

Dywedir fod yr ardal yn diasbedain gan sŵn saethu yn gynnar iawn; bu'r pentrefwyr yn brysur yn plethu torchau o ddail a gwiail i'w hongian ar draws y ffordd o dafarn 'The Three Horse Shoes' i dŷ y Mri. D. Davies a'i Fab, teilwriaid. Arnynt gosodwyd baneri gyda chyfarchion, 'Llwyddiant a Dedwyddwch' a 'Calon wrth Galon'. Am hanner awr wedi deg y bu'r gwasanaeth, a gwisgai'r briodferch ffrog sidan *faille* brown a fêl wen dros ei phen gydag '*orange blossoms and lilies*', yn ôl yr adroddiad. Annie a Mary oedd y ddwy forwyn a gwisgent ffrogiau *biege*, yn ôl Annie; mae'r adroddiad yn eu disgrifio fel ffrogiau *nuns Veiling* o liw *Salmon* gydag addurniadau *plush* o las gwan. Mae'n anodd dychmygu'r fath wisgoedd. Nid oes sôn fod y briodferch na'r morynion yn cario blodau. Y gwas priodas oedd y Parch. Lodwig Lewis, Sgiwen, sy'n fwy adnabyddus heddiw fel tad Saunders Lewis. Ar ddiwedd y seremoni cerddodd y pâr ifanc at eu cerbyd o dan gawodydd o reis. Perthnasau agos yn unig a wahoddwyd i'r brecwast yn y Cwrt-mawr, ac yna aeth Sara a'i gŵr i orsaf Pontllanio i ddal y trên rheilffordd 'Manchester and Milford' i Dde Cymru, cyn hwylio i America ar eu mis mêl.

Ni fanylodd Annie am hanes y briodas yn ei Hatgofion, ond dweud ei fod yn ddiwrnod arbennig yn eu bywydau tawel hwy. Ymhen blynyddoedd, pan ddaeth hi'n amser i Annie drefnu ei phriodas ei hun, yn Llangeitho y bwriadai hithau i'r seremoni gael ei chynnal.

Ym mis Medi 1888, a hithau bellach yn bymtheg oed, trefnwyd iddi fynd yn ddisgybl i'r Queen's School yng Nghaer, ac aeth Lily i'w chanlyn. Dewiswyd yr ysgol hon, yn ôl pob tebyg, am fod cyfeilles i'r teulu yn athrawes Mathemateg yno, a gair da iddi fel cymeriad. Mynychai'r ddwy chwaer Gapel Presbyteraidd City Road ar y Suliau yn ei chwmni. Dywed Annie iddi weithio'n galed yn yr ysgol hon a mynd trwy'r arholiad *Senior Cambridge* yn fuddugoliaethus cyn ymadael ym mis Rhagfyr 1891. Trwy gydol ei dyddiau ysgol yng Nghaer hiraethai am ei chartref, yn wahanol i'w chwaer benchwiban.

Yr oedd y fam fel petai am gael un ferch gartre pa 'run bynnag a fyddai, ac wedi i Annie orffen yng Nghaer, anfonwyd Mary i ysgol yn yr Almaen yn 1892. Ond ym mis Mai y flwyddyn honno bu farw ei thad o fewn ychydig ddyddiau ar ôl cael strôc. Digwyddai Sara fod gartref ar ymweliad, ac aethai Annie i Benarth i gadw tŷ i'w brawd-yng-nghyfraith. Pan gyrhaeddodd Annie adre, canfu ei mam a Sara mewn galar trwm ac yn hollol ddiymadferth; ni chyraeddasai Mary adre o'r Almaen, felly gorfu i Annie gymryd at yr awenau. Arni hi y rhoddwyd y cyfrifoldeb o baratoi i letya'r perthnasau a'r cyfeillion a ddeuai i'r angladd. Hi aeth ynghyd â chael 'mowrnin', sef dillad duon i'r holl deulu, gofalu fod yno ddigon o fwyd ac arolygu gwaith y morynion. Yn ei Hatgofion, dywed mai dyna pryd y peidiodd â bod yn blentyn. Yr oedd hi'n bedair ar bymtheg oed, sy'n ymddangos yn oed cyfrifol heddiw, ond yn y dyddiau hynny yr oedd pawb o dan un ar hugain oed, merched yn enwedig, yn cael eu cyfrif yn blant.

Ymaelododd Annie yng Ngholeg Prifysgol Cymru, Aberystwyth ym mis Hydref 1892. Astudiai Hanes, Saesneg, Ffrangeg, Almaeneg, Cymraeg a Mathemateg. Gan nad oedd Lladin yn un o'i phynciau, ni fedrai weithio ar gyfer gradd. Yn ystod y tair blynedd a dreuliodd yn y coleg gwnaeth gyfeillion oes. Rhoes un ohonynt, Guli Willis, aelod o deulu o Grynwyr, deyrnged gynhesol iddi i'w mab yn 1942. Soniai am ei *queenly dignity* ac am ei chariad tuag at Gymru; am eu partneriaeth ar y lawnt dennis, '. . . *she so tall and reliable, I so short and smashing'*. Pan aent gyda'i gilydd i'r wlad ar gefn ceffylau, '. . . *she looked a Queen then'*. Mwynhaent ddarlithoedd yr ysgolhaig disglair C. H. Harford ar lenyddiaeth Saesneg, a cheisient eu cael i lawr air am air. Yr oedd llawysgrifen Annie eisoes wedi datblygu'r cymeriad oedd mor nodweddiadol ohono. Mae'n werth cofnodi fod ei llawysgrifen hi a'r eiddo Tom Ellis yn rhai y gellir eu hadnabod ar unwaith. Ysgrifennodd C. H. Harford bennod ar ei argraffiadau o'r coleg yn y blynyddoedd 1887-1901 yn y gyfrol *The College by the Sea*, ed. Iwan Morgan 1928. Y mae gan Thomas Jones C.H. yntau bennod werthfawr, *College Memories* yn *Leeks and Daffodils*, 1942, lle dywaid iddo ddiogelu'r nodiadau a gymerodd o ddarlithoedd C. H. Harford am flynyddoedd. Mae hefyd yn cynnwys argraffiadau myfyrwraig o Loegr, sy'n mynegi'r teimlad o ollyngdod wedi iddi gyrraedd y coleg oherwydd yr annibyniaeth a'r rhyddid yr oedd yn ei gynnig iddi. Er mai byw gartref yr oedd Annie, ac felly'n cael llai o ryddid na'r merched a arhosai yn yr hostel, eto rhoes y coleg gyfle iddi ddyfod i adnabod dynion ifainc a medru bod yn gartrefol yn eu cwmni. Nid peth hawdd oedd hyn i Annie, a oedd wedi byw o dan lygad ei mam ac eithrio'r cyfnodau a dreuliodd mewn ysgolion i ferched yn unig. Cafodd fod y myfyrwyr hyn at ei gilydd yn fwy diddorol na'r merched.

Mynd i'r coleg i'w diwyllio ei hun a wnaeth Annie; ni fu unrhyw fwriad ganddi hi na neb o'i theulu iddi ddilyn gyrfa na cheisio ennill cyflog. Wedi i'r tair blynedd yn y coleg ddyfod i ben, arhosodd gartref at alwad ei mam fel o'r blaen, a dyna a ddisgwylid iddi ei wneud, yn ôl confensiynau'r oes.

Daeth ymwared, fodd bynnag. Yr oedd ei brodyr John a Walter ill dau'n fyfyrwyr yn Llundain, y naill yn Lincoln's Inn a'r llall yn Ysbyty Sant Bartholemew. Trefnodd eu mam iddynt rannu fflat, a gyrru un o'u chwiorydd bob yn ail i gadw tŷ iddynt. Annie a aeth gyntaf gan ei bod yn awyddus i osgoi cwmni gŵr ifanc arbennig, a gwelai ffordd ymwared trwy fynd o Aberystwyth am gyfnod.

Ym mis Medi 1895 aeth Annie i gadw tŷ yn 65 Chancery Lane. 'Yr oedd hyn yn ddechrau ar fywyd newydd i mi,' meddai yn ei Hatgofion. Dyma bellach ryddid i fynd a dyfod heb fod yn atebol i'w mam am bob symudiad. Ymdaflodd i fywyd Cymraeg

Llundain yng nghwmni ei brodyr a'u cyfeillion. Arhosai David
Lloyd George a'i wraig yn fynych yng Ngwesty Bingham y tu
cefn i Chancery Lane; yr oedd cartref y bargyfreithiwr Llewelyn
Williams a'i wraig mor boblogaidd gyda'r Cymry nes cael ei
lysenwi Y Wladfa. Vincent Evans, a ddaeth yn flaenllaw gyda'r
Eisteddfod Genedlaethol a'r Cymmrodorion, oedd perchennog
y fflat yn Chancery Lane. Yn ei Hatgofion mae Annie yn
crybwyll ffug-eisteddfodau a phartïon coffi. Yn y newyddiadur
Celt Llundain ceir adroddiad am un o gyfarfodydd Clwb Clebran
Cymru Fydd sy'n swnio'n debycach i fersiwn Cymraeg o'r *Tatler*
yn ein hoes ni na chyfarfod gwerinol mewn festri. Cynhaliwyd
un felly yng Ngwesty'r Holborn ym mis Tachwedd 1896 yng
nghyfnod goruchwyliaeth Mary Davies yn 65 Chancery Lane.
Disgrifir gwisgoedd y gwragedd, Mrs Ellis Jones Griffith mewn
'sidan melyn a shiffon du' a gwraig arall mewn 'gŵn glas a lasys
gwyn'; sonnir am 'bali du a gleiniau amryliw' a chriw o ferched
'fel lilis eira hardd yn eu gwyn i gyd'. 'Edrychai Miss Davies,
Cwrt-mawr yn hawddgar a siriol mewn pali glas.'

Nid yw'n rhyfedd i Annie gyfaddef fod yn chwith ganddi adael
Llundain i fynd adre dros y Nadolig 1895. Nid oedd Tom Ellis
yn Llundain yn ystod y misoedd hyn; aethai gyda J. Herbert
Lewis ac Ellis Jones Griffith ar fordaith i Dde Affrica.

Ym mis Mehefin 1896 sefydlwyd Tywysog Cymru yn
Ganghellor Prifysgol Cymru. Daeth i Aberystwyth gyda'r
Dywysoges Alexandra, a bu rhialtwch mawr. Codwyd pabell
enfawr ar gyfer y seremoni, ac un o'r enwogion a oedd i dderbyn
Gradd er Anrhydedd oedd neb llai na W. E. Gladstone. Dywed
Annie ei bod hi'n ddiwrnod poeth a bae Ceredigion yn edrych
ar ei orau. Gwnaeth yr achlysur argraff ddofn arni. Yn y babell
eisteddai wrth ochr Thomas Gee, 'Dyma'r tro cyntaf i mi
gyfarfod â'r gŵr mawr hwnnw', meddai. Peth arall a gofiai oedd
i Dr. Mary Davies, y gantores enwog ganu allan o diwn! Rhoes
y bai ar y tymheredd uchel yn y babell.

Yn ei *Atgofion Cardi* (1960) mae Thomas Richards (Bangor
wedyn) yn dwyn i gof y diwrnod pwysig hwn yn hanes
Aberystwyth. *Pupil-teacher* oedd ef yn un o ysgolion y dref, a
chafodd ganiatâd i wylio'r orymdaith drwy'r strydoedd. Sylwodd
mai Gladstone a gafodd yr 'ystorom o *cheers*' gan y dorf, serch

fod Tywysog a Thywysoges Cymru yn bresennol. Nid yw Annie hithau'n rhoi dim sylw i'r pâr brenhinol yn ei Hatgofion.

Daethai llawer o gyfeillion o blith Cymry Llundain i Aberystwyth ar gyfer yr achlysur, ac arhosodd un ohonynt, J. Herbert Lewis yng nghartref Annie, a chafodd ef yn gymeriad hoffus a hawddgar. Drannoeth trefnwyd i gynnal picnic yn Ystrad-fflur. Dyma oes aur y picnic. Llogwyd *charabang* fawr felen a cheffyl yn ei thynnu. Cychwynnwyd yn gynnar, llond y *charabang*, Annie, Mary, John, Herbert Lewis, Mr a Mrs Llewelyn Williams a J. Gwenogfryn Evans, yn eu mysg.

Wrth ymyl llidiart y fynwent ar ffordd Llanbadarn daeth dau ddyn tal i'w cyfarfod ac adnabu'r teithwyr hwy yn syth, sef Tom Ellis a Dr Isambard Owen. Arhosai'r ddau gyda Phrifathro'r Coleg yn Sherbourne House. Stopiodd y *charabang* er mwyn i'r cwmni gyfarch y ddau a bu llawer o chwerthin oherwydd lliw melyn y cerbyd, lliw'r Rhyddfrydwyr. Pan welodd Tom Ellis yr enw 'Chamberlain' ar y cefn dechreuodd hwtian, 'Bw! Bw!' Nid oedd Annie yn ei adnabod y pryd hynny; cawsai ei chyflwyno iddo unwaith yn y Bala pan arhosai yng Ngholeg y Bala gyda Marian Edwards.

Tro Mary ydoedd i fod yn Llundain tan ddiwedd y flwyddyn. Ym mis Medi galwodd Tom Ellis yn y tŷ yn North Parade i weld John, a chyfaddefodd wrth Annie, lawer yn ddiweddarach, iddi wneud argraff arno y pryd hynny. Ym mis Ionawr 1897 y penderfynodd Tom Ellis, yn ôl pob golwg, y dylai wneud cyfle i weld rhagor arni. Gwahoddwyd ef a Lloyd George gan J. H. Davies i fwrw'r Sul yn Aberystwyth yn dilyn cynhadledd Ryddfrydol gan amaethwyr yng Nghaerfyrddin. Tom Ellis oedd cadeirydd y gynhadledd a gwnaeth Lloyd George araith gofiadwy yno. Dywed Annie i'r ymweliad achosi cryn gynnwrf yn y tŷ; prin y dychmygai faint o gynnwrf a achosai'r ymweliad yn ei bywyd hi. Yr oedd hi'n hwyr ar y tri yn cyrraedd y noson honno, a chawsant eu siarsio i gysgu ymlaen yn y bore. Gofynnodd Frances Davies i Annie aros gartre a gofalu am frecwast teilwng i'r dieithriaid. Aeth hithau, Mary a Lily i'r capel erbyn hanner awr wedi naw. Tybed a synhwyrai fod gan Tom Ellis lygad ar ei merch? Dywed Annie mai Tom Ellis oedd y cyntaf i godi a'i fod yn arbennig o addfwyn ei ffordd gyda hi. Teimlai'n ofnus, ond ddim hanner mor ofnus â phe byddai'n gwybod ei fod eisoes â'i lygaid arni! Mae'n cofnodi mai 37 oed ydoedd ar y pryd a hithau'n 23, ac yn ifanc o'i hoed.

Aeth y teulu i gyd i'r Tabernacl i'r oedfa chwech o'r gloch, Tom Ellis a Lloyd George yn eistedd gyda Frances Davies ac Annie yn sedd ei hewythr, D. C. Roberts yr ochr arall i'r capel mewn lle manteisiol i edrych ar Tom Ellis heb i hynny fod yn amlwg. Sylwodd iddo dynnu ei gôt fawr yn ystod canu un o'r emynau, cyffyrddiad sy'n dangos ei bod yn ei wylio gyda diddordeb.

Wrth ymadael fore dydd Llun dywedodd wrthi y gobeithiai ei gweld yn Llundain yn fuan. Yr oedd mor garedig a boneddigaidd fel na feiddiai hi obeithio fod dim arbennig yn y sylw a wnaeth ohoni.

Yn y fan yna y dechreua'r llythyrau wedi iddi gyrraedd Llundain yn Ionawr 1897. Ond yma hefyd y daw'r Atgofion i ben.

Y Llythyrau

1. Ateb yw'r llythyr cyntaf hwn i lythyr neu nodyn gan Annie yn diolch am iddo sicrhau tocynnau iddi hi a chydymaith i Dŷ'r Cyffredin. Bu Tom Ellis yn rhif 65 Chancery Lane dydd Sul, a dyna pryd yr addawodd gael y tocynnau. Mae'r cyfarchiad yn ffurfiol er nad yw hynny'n golygu nad oedd eu perthynas yn rhydd a chyfeillgar.

Miss Annie J. Davies, 65 Chancery Lane, W.C.

42 Parliament Street
London S.W.

Jan. 15 1897

My dear Miss Davies,

No thanks are due for the little service of securing tickets. I am only glad that I was able to get them on a day when there is such a huge run on them. I hope that you will come down often and that you will always let me know when you wish to come to the House.

I shall make an effort on Tuesday to snatch enough time out of the hurley-burly to come and say Dydd Da i chwi in the Gallery.

Already I am in the midst of a swirling current of work and I long for happy peaceful hours such as I spent on Sunday.

Cofion carediccaf,

Thomas Ellis

---

2. Yn ôl safonau'r oes, ni allai Tom Ellis wahodd Annie i fynd allan gydag ef, heb wahodd ei brawd John hefyd. Ond gan na fedrai hwnnw dderbyn y gwahoddiad, yr oedd hi'n hollol weddus iddi fynd ei hunan.

Miss Annie Davies, 59 Chancery Lane

38 Ebury St.

Jan. 20, 1897

My dear Miss Davies,

I wrote to your brother to ask if you and he could come to the Watts Exhibition next Saturday afternoon. He replied that he would not have returned from circuit by next Saturday and he suggested the following Saturday. To my great regret I cannot well come that Saturday as I shall be leaving London for a visit to the country over the Sunday.

Would you care to come next Saturday? It would give me great pleasure to call at your Chambers, say at 3 o'clock so as to accompany you to the Gallery.

I hope you enjoyed your visit to the House yesterday. I trust that on another occasion we shall make better arrangements for your comfort by having a dinner downstairs.

Very sincerely yours,

Thomas Ellis

---

3. Mae dyddiadur T.E. ar gyfer dydd Sul, 24 Ionawr yn cofnodi iddo fynd i St. James' Hall yn y prynhawn i glywed Côr y Penrhyn yn canu, ac arhosodd i de wedyn. Yn yr hwyr aeth i Dr. Clifford's Chapel ac yna i swper ym mwyty Frascati gyda Lloyd George, Mrs Llewelyn Williams ac Annie Davies. Yna ar gyfer 29 Ionawr cofnoda iddo fynd erbyn 8.30 i Ysgoldy Charing Cross Road gyda Lloyd George, ac annerch cyfarfod ynglŷn â streic Chwarel y Penrhyn. Aethant ymlaen, George ac yntau i swper yn Gatti gyda Mrs Llewelyn Williams, Annie Davies, J. H. Davies a Machreth Rees.

Mae'r dyddiadur yn datgelu mai ar ddydd Sadwrn 30 Ionawr yr aethant i'r New Gallery i weld Arddangosfa Watts. Cyn cychwyn, buont yn bwyta cinio canol dydd yn Café Verney, Lloyd George, Mrs Llewelyn Williams, Eluned Morgan, Annie Davies a J. H. Davies.

Ymadawodd T.E. ar y trên 5 am Tring, cartref y teulu Rothschild, lle'r oedd Cecil Rhodes ymhlith y gwahoddedigion.

Ni fu galw am ragor o lythyrau hyd 16 Chwefror pan roes T.E. wybod i Annie am ddyfodiad Winnie ei chwaer ieuengaf i Lundain. Buasai Winnie o dan hyfforddiant yn *The National Training School of Cookery* yn 1892 ac yr oedd yn gyfarwydd â byw yn Llundain. Bu Eluned Morgan yn Ysgol Dr. Williams Dolgellau yr un adeg â Winnie ac arferai ymweld â Chynlas. Yn *Gyfaill Hoff* (W. R. P. George) 1972, tud. 223 dywedir:

Arhosodd Eluned yn y wlad hon ar ei hail ymweliad o haf 1896 hyd Wanwyn 1898. Yn ystod yr ugain mis hwn treuliodd lawer o'i hamser yn Llundain yn gweithio ar hen lawysgrifau yn yr Amgueddfa Brydeinig, yn bennaf ar gais Gwenogfryn Evans, wedi hynny ar gais Urdd y Graddedigion yn copïo llawysgrifau Thomas Prys, Plas Iolyn.

Miss Annie Davies (of Cwrt Mawr), 59 Chancery Lane

42 Parliament Street

Feb. 16 1897

Dear Miss Davies,

I hear from Winnie this morning that she intends to come up this day week.

I was very grieved last night to find that the attendant at the Ladies' Gallery had not carried out my instructions to give you some refreshment. However satisfying the glowing and indignant oratory in the House may be, it is not enough to carry you through long hours of imprisonment behind the grille without any food!

I fancy I hear the click of Eluned's typewriter. She must not practice it on Sunday.

Cofion caredig,

Yr eiddoch yn bur

Thomas Ellis.

---

4. Yn ystod yr wythnosau hyn pan oedd Annie yn Llundain y cafodd hi'r cyfle i ddyfod i adnabod T.E. yn iawn. Ni wnaeth ef ddim cyfrinach o'i awydd i fod yn ei chwmni, a hynny ar eu pennau eu hunain cyn amled ag y gallent, gan gadw at safonau ymarweddiad yr oes. Mae'r dull y mae'n ei chyfarch yn y llythyrau yn dangos iddo fynegi ei serch tuag ati. Yn Gymraeg y gwna hyn am mai dyna oedd fwyaf naturiol iddo. Bu Annie'n gwrando arno'n annerch Cymdeithas y Cymmrodorion ar 10 Fawrth. (Gw. Llythyr 7 Hydref 1897.)

Enw chwareus ar Winnie oedd John Jones; yn yr ysgol yn Nolgellau enw Eluned arni oedd Robin.

Miss Annie Davies, 59 Chancery Lane

42 Parliament Street

Mawrth 25, 1897

Anwyl Feluseg,

Wele docynau i chwi'ch dwy. Byddwch yno yn gynar, gynar erbyn *3.25*. Gellwch fyned yn union drwy Palace Yard i'r *Ladies Gallery entrance*. Hynny efallai fyddai'r gore.

Gobeithio fod John Jones yn llawn o naws o ran ei brofiad y bore braf yma. Yr wyf yn siwr fod An Dafis yn teimlo yn ddwfn ei chyfrifoldeb o ofalu amdano!

Cofion fyrdd,

T.E.

---

5 a 6. Mae naws chwareus yn llythyrau T.E. tra bo Winnie yn y cwmni, ac efallai y gwyddai y byddai Annie'n dangos y llythyrau iddi. Nid yw'n newid ei ddull o arwyddo ei enw.

Miss Annie Davies (of Cwrt Mawr), 59 Chancery Lane

42 Parliament Street

Mawrth 26, 1897

Anwyl Feluseg,

Gobeithio eich bod eich dwy wedi codi a dechre eich boreufwyd cyn dyfodiad y nodyn hwn.

Yr wyf yn sicr fod John, — eich brawd, nid John Jones — fel y fine, wrthi yn brysur er ys meityn.

Mae arnaf ofn ei bod yn rhy wyntog ac oer i fyned i fyny y *clocktower* heddyw ond caf weled sut y bydd tua'r prydnawn.

Yr wyf wedi cael tocynau i'r *Garrick* — 'My Friend the Prince' heno, felly a ddeuwch chwi eich dwy i'r *Solferino* erbyn 7.15? 'Dress Circle' ydyw y seddau felly gwell i chwi ofalu fod John Jones wedi ymwisgo ac ymbincio.

Cofion cynes

T.E.

Miss Annie Davies (of Cwrt Mawr), 59 Chancery Lane

House of Commons

Nos Lun, Mawrth 29, 1897

Annwyl Feluseg,

Mae'n chwith a chwerw genyf feddwl eich bod wedi bod ddwywaith yn y Lobby heno, a minne heb gael golwg ar eich gwedd.

Pan ddaeth cerdyn y Llew i mewn yr oeddwn yng nghanol *interview* bwysig, ac am awr gron daeth torf i'm gweld ar wahanol faterion, fawr a man. Yr oeddwn mor brysur a iâr gyda'i chywion. Pan o'r diwedd y darfyddodd y cenllif ac y diengais i'r Lobby yr oedd y Feluseg a'r Llew a John Jones wedi dianc — un i'w de a'r llall i'w fyglys. Troais yn ol yn drist ond oddeutu saith wele neges oddiwrth J.J. ac A.D. ac arni.

BRYSIWCH!

BRYSIWCH!

Yr oedd Lloyd George gyda mi ar y pryd ond rhuthrais i'r Lobby i'ch gwahodd eich dwy dan fy nghronglwyd. Erbyn i mi fyned i'r Lobby gwelais y Gwir Barchedig J.J. yn unig ac amddifad ac isel ei ben. Darluniodd fel yr oedd An Dafis, gyda thyner ofal, wedi myned i wneud blasusfwyd i'w brawd ac i'w gysuro ar ol llafur a lludded y dydd. Yna arweiniais J.J. i'm hystafell i longyfarch Lloyd George ar ei ail ymddangosiad yn y Ty ar ol ei gystudd . . .

. . . Mae Lloyd George yn myned i Gymru ddydd Mercher

ac yr ydym yn arfaethu cael seiat ffarwel yn Frascati nos yfory. Gobeithio y deuwch yn brydlon ac ysprydlon i'r cyd-gynulliad.

Cofion cywir a chynes

Yr eiddoch yn weddol ddidolc,

Thomas Ellis

---

7. Yn y llythyr hwn y ceir cyfeiriad cyntaf at 'Rhown ein golau gwan . . .' Dyfyniad ydyw o ail bennill 'Ar hyd y nos'.

Ond i harddu dyn a'i hwyrddydd

Rhown ein golau gwan i'n gilydd

Ar hyd y nos.

Ceiriog biau'r geiriau. Yn nes ymlaen gwelir arwyddocâd y pennill; mae'r llythyr hwn yn adlewyrchu'r rhialtwch a'r hwyl a fodolai yn y gymdeithas Gymreig yr oeddent yn rhan ohoni.

William Jones (1857-1915) A.S. Rhyddfrydol dros Ranbarth Arfon (1895-1915), areithydd huawdl a phersonoliaeth hoffus.

42 Parliament Street

Ebrill 1, 1897 (Dydd y rhan fwyaf o honom)

Anwyl Feluseg,

Yn ol y gorchymyn a gyssegrwyd gan yr anrheg neithiwr 'Rhown ein goleu etc'

a fyddwch chwi mor hynaws ac anfon gair i ddyweud pa bryd y byddwch chwi ar Tra Barchedig J.J. ar Tra Gwammal John H.D yn mynd i Wilton Square heno? Ai erbyn tê neu erbyn y cyngherdd?

Yr oeddwn wedi meddwl gofyn hyn i chwi neithiwr ond ni chefais gyfle yn nghanol hwyl y Seiat a'r Steddfod. Anhawdd iawn oedd ymadael. Pan yn nghanol cwmni *brilliant,* yn mwynhau rhyfeddodau rhyw *conjurer* ardderchog o'r enw M. Cinquewalli, hiraethais am fod yn y gystadleuaeth gorawl.

Ni wyddwn fod J.J. am aros dan eich nenfwd a'ch pryderus ofal neithiwr. Arosais am dano tan ddau o'r gloch!

Nis gwn yn iawn a ddaw William Jones a minne i fyny heno

23

a'i peidio, ond os bydd dyledswyddau yn caniatau, mae'n debyg
y byddwn mewn rhyw gornel yno . . .

Cofion fyrdd

Thomas Ellis

---

8. Y llythyr cyntaf i T.E. arwyddo'i enw fel y Goleuwr Gwan.

Miss Annie Davies, 59 Chancery Lane

38 Ebury St.

Boreu Sadwrn, 12.50 a.m.

Ebrill 3, 1899

Anwyl Feluseg,

Cyrhaeddais yma ryw gwarter awr yn ol gan ddisgwyl gweled
y Parchedig mewn cader freichiau yn ysmygu yn dawel fel arfer
ac yn athronydda ar gwrs y byd a'i bethau. Ond pellebyr oedd
yn fy aros yn cynwys cyhoeddiad y Parchedig a chyfeiriad byr
at lettygarwch gwraig y Ty Capel. Gobeithio fod arddeliad
neillduol ar y moddion.

'Sgwn i faint o siopa a wneuthoch bore heddyw? Mae yma
un *gader* eto yn yr ystafell fechan hon heb ei thrwmlwytho a
pharseli anferth. Buasai unrhyw un a alwai yma yn meddwl fy
mod am agor siop newydd yn y cyffiniau neu fy mod yn 'dechre
byw'. Onibai am yr *un* gader hon buasai raid i mi bob bore fwyta
fy uwd oddiar ben pentwr o barseli papur llwyd!

Ond beth am yfory? A ddeuwch chi eich dwy a'ch brawd i
lawr yma erbyn 11.0? Ceisiaf ddarfod fy ngwaith erbyn hyny
er mwyn i ni fyned tua Hammersmith . . .

Cofion fil,

Y Goleuwr Gwan

---

9. Yn ôl Atgofion Annie, 5 Ebrill oedd dydd ei phen-blwydd. Postiodd
T.E. y llythyr ar wahân i'r ddwy gyfrol o waith Ceiriog, wedi'u
rhwymo'n arbennig mewn lledr gwyrdd tywyll gyda llythrennau aur

24

ac addurniadau deiliog gyda golchiad aur i'r tudalennau. Sgrifennodd ei henw oddi mewn:

Annie Davies Ebrill 6 1897. T.E.

Cynnwys y gyfrol gyntaf, *Oriau'r Hwyr*, *Oriau'r Bore* a *Cant o Ganeuon*, a'r ail gyfrol *Y Bardd a'r Cerddor*, *Oriau Eraill* a *Oriau'r Haf.*

Yn *Cant o Ganeuon* y mae 'Ar hyd y nos', ac y mae marc pensil hyd ymyl y tair llinell olaf o'r ail bennill. Mae marc pensil wrth ochr cân arall hefyd, sef 'Yng nghalon y bryniau'; dechreua'r ail bennill gyda'r geiriau:

Po bellaf y teithia o amgylch y byd
Mae meddwl am Gymru'n anwylach o hyd . . .

42 Parliament Street

Ebrill 6, 1897

Fwynaf Feluseg,

Yr wyf yn anfon arwydd bychan o'm dymuniadau aiddgar am lawer, lawer penblwydd hapus i chwi. Yr wyf yn gobeithio y bydd eich blynyddoedd fel y dônt heibio yn llawn o heulwen fel yr wyf yn sicr y byddant yn llawn o wasanaeth.

Ceisiais gael gwisg hardd i Ceiriog ond y mae ymhell o fod yn deilwng o'r bardd nag o'r derbynydd.

Yr eiddoch yn gywir

Thomas Ellis

---

10. Aethai T.E. adre i Gynlas dros wyliau'r Pasg.

'my old Chief' oedd yr Arglwydd Roseberry, Archibal Primrose, 5ed Iarll a fu'n Brif Weinidog 1894-95.

Mae copi o nofel Llewelyn Williams *Gŵr y Dolau* (1899) wedi'i arwyddo ganddo: 'Er cof am oriau melus yng Nghynlas . . .'

Miss Annie Davies, 59 Chancery Lane

Cynlas, Corwen

Ebrill 14, 1897

Anwyl Feluseg,

Yr oedd y rhan allanol o'r Western Daily Mercury yn dawel ar fy mwrdd yn fy aros adref o'r Durdans bore ddoe. Yr wyf

25

wedi bod yn dychmygu beth a'ch cymhellodd i gadw y gweddill o'r papur, ac yr wyf wedi dod i'r casgliad mai Y DARLUN oedd y cymhelliad, a'ch bod yn ei gadw yn ymyl er mwyn fy nghadw mewn trefn, fel *rod in pickle*. Fel y dywedais y dydd o'r blaen rhaid fod Rhyddfrydiaeth yn y West of England yn blanhigyn cryf iawn os deil i flaguro ar ôl ymddangosiad y darlun yna. Ac os deil eich teimlad da a'ch parch chwi tuag ataf *strain* y darlun yna, mae rhyw obaith i mi yn y dyfodol. Yr wyf yn gobeithio na feddyliwch am danaf rhwng y Pasg ar Jubilee yn ngoleuni y darlun!

I had a most pleasant time with my old Chief at the Durdans. He was extremely brilliant and witty on and after dinner on Monday — there were only his two boys and one other guest there — and we had a delightful walk through the gardens under moonlight. On Tuesday morning he drove me round Epsom Downs *before breakfast,* and I had a most pleasant walk chatting about past and future before he drove me to the station. Rhoddodd imi ddau cant o'i *cigarettes* a wneir iddo yn Cairo ac a anfonir iddo yn wythnosol. Y maent yma 'at yr achos' ac wrth gwrs dyna ydyw ysmygbeth y Parchedig J.J.! . . .

Mae'r post ar fyned cyn i mi ddechre dyweud dim hanes ond cofiwch addewid nos Sul.

    1) i anfon o dro i dro—a gore po amlaf air

        o *hanes*

        o *brofiad*

        o *gyffes*

a 2) i anfon photo pan ddaw.

Mae Llew ar ei ffordd yma a disgwyliaf ei gyfarfod mewn dwyawr gyda'r awel olaf o'r Wladfa.

Cofion caredicaf, yr eiddoch yn bur,

Y Goleuwr Gwan.

---

11. Yr oedd T.E. yng Nghaerdydd mewn cyfarfod o Urdd Graddedigion Prifysgol Cymru, lle cafodd ei ethol yn Warden. (gw. *Cofiant II* 276). Aethai Annie adre i Aberystwyth dros y Pasg a mynhychu cyfarfodydd pregethu yn y Tabernacl. Yr oedd gan ei

theulu gysylltiad agos â'r capel, trwy ei thaid a'i nain, rhieni ei thad, sef Robert ac Eliza Davies.

Am salwch difrifol T.E. (gw. *Cofiant II* 94-7.) Cyfarfod i gyflwyno tysteb i Thomas Gee oedd yr un yn Ninbych (gw. *Cofiant II* 274-5).

Mae'r cyfeiriad at J. H. Davies yn dyfod i Gynlas o Lanrwst yn awgrymu iddo fod yn prynu llyfrau ail-law yn siop Gwilym Cowlyd. (gw. *Trans. Hon. Soc. Cymm.* 1940, *Collecting Welsh Books*, J. H. Davies).

'Iolo' oedd y Parch. John Roberts, Iolo Caernarfon (1840-1914), gweinidog gyda'r M.C. ym Mhorthmadog.

Miss Annie Davies, 20 North Parade, Aberystwyth

42 Park Place
Caerdydd

Nawn Mawrth, (20 Ebrill, 1897)

Anwyl Feluseg,

Yr oedd yn odiaeth dda genyf prydnawn Sul ar ol dod o'r capel gael eich llythyr dyddorol a doniol. Mae meddwl eich bod wedi ysgrifenu llythyr mor ddyddorol ar ol seiat o 3 awr a gwrando ar 8 pregethwr Methodist yn brawf diymwad eich bod yn ieuanc o ysbryd ac yn weddol ysgafn eich calon. Ond yr oedd un rhan o'r llythyr yn dangos yn eglur fod oedfa y nos wedi taro tannau dyfnion eich ysbryd. Mae clywed gwr o wir allu a meddwlgarwch yn ymdrin a marwolaeth yn atdyniadol iawn i natur Cymraes neu Gymro. Ydych chwi yn cofio rhai o ddarluniau Watts o wahanol agweddau o farwolaeth? Bum unwaith yn teimlo yn agos, agos at farwolaeth, teimlais y pryd hwnw yn synedig ac yn gysurus wrth weled ei fod mor dawel, am gweddi feunyddiol er hyny ydyw ar i mi, pan ddaw yr awr, gael ei gyfarfod yn dawel. A welsoch chwi yn y newyddiaduron heddyw hanes y rhyfel ac yn rhywle yn ei ganol gyfeiriad at yr Evzonoi, mynyddwyr, *highlanders* oedd yn gwylio y *frontier*?

[*Darn o bapur newydd wedi ei lynu ar y cerdyn*]

The hill slopes on the northern side of the Pass are strewn with Greek dead. They are for the most part Evzonoi, a splendid race of men. The faces of many among the dead are as calm as if they were asleep.

Ardderchog onide? Wrth achub eu gwlad!

Mae John a minne newydd gyrhaedd yma ar ol taith gysurus iawn. Darfu i ni oll fwynhau ei ymweliad fer a Chynlas. Mae nhad a mam ac yntau yn ffrindiau mawr eisioes — buasent yn ymdrin am Fethodistiaeth am wythnos gyfan heb stopio, gallwn feddwl, pe cawsant amser. Cefais ddiwrnod prysur ddoe — aeth Jennie a minne yn y bore ar ein *bicycles* i Ddinbych (yn agos i 30 milldir) galwasom ar hen gyfeillion, aethom i *lunch* Howel Gee, cymerwyd *photo* anferth, yna i'r cyfarfod —hwyl mawr, Lloyd George yn canmol Mr. Gee fel ymladdwr — yna gyda'r tren i'r Bala lle y cefais ddwyawr o *Parish Council* cyn i John gyrhaedd o Lanrwst. Wedi cyrhaedd Cynlas ymgomiasom hyd ar ol haner nos, yna trowyd ni i'n gwelyau trwy awdurdod Jennie. Wrth ddod yma heddyw gwelodd eich brawd hen gyfaill mawr i mi oedd gyda'ch tad yng Ngholeg y Bala. Yr oedd eich tad ac yntau yn gyfeillion agos. Gobeithio i chwi gael taith gysurus ddoe a'ch bod wedi cael pawb yn eu hwyliau gore yn Aberystwyth. Yr wyf yn synu fod Iolo wedi colli ffydd ynoch ar ol can lleied ac ychydig fethu y ffordd yn y Boro! Ond credaf mai hawdd fydd adnewyddu ei ffydd a mwy ynnoch . . .

Yr wyf yn awr yn myned i gyfarfod eich brawd i'r Library i gynllunio a chlebran. Diolch eto am eich llythyr — nid oedd ganddo ond un bai — yr oedd yn rhy fyr.

Da chwi, cadwch J.J. mewn tipyn o drefn. Mae wedi gwella mewn un peth er dyddiau y Wladfa. Yr wyf yn cael cwpaned o goffi *bob* dydd!!!

Cofion mwyaf caredig

Y Goleuwr Gwan.

---

12. Yn y llythyr nesaf hwn y mae'r cyfeiriad cyntaf at gyfarfod ei gilydd yng ngorsaf Glandyfi a mynd oddi yno ar eu beiciau ar hyd Glyn Llyfnant. Fel y gwelir yn y llythyr nesaf, 2 Fai, yr oedd nifer ohonynt yn y cwmni, ond bu'r lleill yn ddigon doeth i'w gadael ar eu pennau eu hunain. Mae Guli, ffrind coleg Annie yn sôn yn ei llythyr at T. I. Ellis, fel yr ofnai Annie a oedd hi'n gwneud y peth iawn trwy dderbyn y beisicl yn anrheg gan T.E. Wrth ei dderbyn a oedd hi'n cydnabod ei bod o ddifrif? Ateb Guli oedd '. . . *I did think it pretty serious from such a man,*' ac ychwanegu 'chwarae teg iddo am adael iddi gymryd

ei hamser i benderfynu, yn lle ei rhuthro am ateb naill ffordd neu'r llall.' Mae'n anodd peidio â theimlo peth rhwystredigaeth pan gofiwn i Annie ddifa'r llythyrau a sgrifennodd at T.E., yn enwedig pan welwn mor llawn oedd ei llythyrau at ei mam, ac fel y mynegai ei theimladau wrth D. R. Daniel . Hyd y gwyddys nid oes yr un llythyr oddi wrthi *at neb* ar gael o'r blynyddoedd 1897-8.

Yn Llys y Brifysgol yn Amwythig bu cryn ddadlau ynglŷn â lleoliad Cofrestrfa'r Brifysgol. Gwnaeth T.E. rai sylwadau dilornus am Gaerdydd (gw. *Cofiant II* 278).

Miss Annie Davies, Cwrtmawr, Llangeithio
[*ailgyfeiriwyd i*] 20 North Parade, Aberystwyth

Cynlas, Corwen

Nos Sul, Ebrill 25, 1897.

Anwyl Feluseg,

Nis gwn yn mha le y daw y nodyn hwn i'ch llaw, pa un a'i yn Cwrtmawr gyda John a'i drysor-lyfrau ac adgofion mebyd ynte yn North Parade gyda'r teulu wedi ei leihau trwy yr exodus i Lundain, ond pa un bynag yr wyf yn hyderu y caiff chwi yn iach ac mewn profiad uchel . . .

Nid oes genyf ond hyderu eich bod wedi cael haner y mwyniant gefais i yn Nglyn Llyfnant. Yr wyf wedi cael y fraint o gael llawer ymgom gyda chwi ac er fod genyf gofion pleserus am danynt oll, etto nid oedd un ohonynt agos mor rydd, mor dawel, mor ddyddorol, mor felus, mor ddigwmmwl ag ymddiddan nawn Gwener diweddaf. Yr oeddych chwi a'r heulwen yn un. Dyna oedd fy nheimlad ar y pryd a dyna fydd fy adgof tra byddaf byw.

Cefais gryn seiat gyda'm cofion fy hun fel yr ymddolenai y tren trwy ddyffrynoedd Maldwyn ac yr oedd llenni y nos wedi disgyn erbyn i mi gyrhaedd yr Amwythig. Yr oedd Llys y Brifysgol yn edrych yn urddasol ond hawdd oedd gweled fod teimladau uchel a phoeth yn ffynu. Bore Sadwrn penderfynasom ohirio y pwnc am bum mlynedd. Cawsom rai areithiau nodedig o dda, un llawn o deimlad cryf gan Principal Roberts ac un o arabedd neillduol gan George Kenyon. Dywedais innau dipyn gan ei rhoddi yn lled hallt i Gaerdydd.

Yr oedd gwyr Caerdydd ar fy llabyddio, ond deuais i Gynlas yn ddianaf.

Byddaf yn troi i Lundain bore yfory yn hiraethus. Ni fyddwch yn hir heb anfon gair i lonni'm calon, a fyddwch?

Cofion carediccaf

Yr eiddoch ar hyd y nos

Y Goleuwr Gwan.

---

13. Shon Tudur Aled, cyfeiriad chwareus at J.H.D. a oedd yn casglu gweithiau Tudur Aled ar gyfer cystadleuaeth yn yr Eisteddfod Genedlaethol Casnewydd ym mis Awst.

Am helyntion carwriaethol Ellis Jones Griffith gw. *Ellis Jones Griffith*, T.I. Ellis (1969) 157-66. Priododd â Mary Owen yn 1892.

Penllyn Jones oedd Cofrestrydd cyntaf Coleg Aberystwyth (1872-92).

Rhys Lewis, y ddrama a berfformiwyd gan Gymry Llundain.

Jiwbili Diamond y Frenhines Victoria.

Miss Annie Davies, 20 North Parade

38 Ebury Street

Prydnawn Sul, Ail o Fai, 1897

Anwyl An Dafis,

Rwy'n lled feddwl pe buasech chwi yn Llundain y buasem rywfodd neu gilydd wedi cyfarfod a chael ymgom prydnawn heddyw. Ond gan eich bod chwi ymhell, bell, ac yn ol pob tebyg newydd gyrhaedd adre o'r Ysgol Sul, nid oes genyf ond anfon gair fel hyn trwy dalu ceiniog am lun pen ei Mawrhydi.

Treuliais noson yn y Wladfa neithiwr. Cawsom noson ddifyr ond lled *subdued*. Teimlem — er na roddwyd dadganiad i'n profiad — fod absenoldeb tri fel An Dafis, y Parchedig, a Shon Tudur Aled yn gwneud bwlch difrifol yn y gyfeillach ond siriolai pawb wrth glywed fod Shon Tudur yn arfaethu dod yn ol ymhen ychydig ddyddiau ac wrth feddwl fod y Jiwbili yn agoshau . . .

Diolch yn fawr i chwi am ddarlun Glyn Llyfnant. Mae'n ddyddorol iawn. Ar y cyntaf ni wyddwn pa un ai ambarelo ynte *mushroom* ynte cwmwl oedd yn nghanol y darlun. Y mae yr effaith ar nifer o'r *group* yn ddigrif ddigon, ond yr hyn sydd yn anfarwol ddigrif ydyw gwyneb John. Mae fel pe buasai yn ymgodi o ddyfnder erchyll o ddwfr ac yn gwenu o ddiolch nad ydyw wedi boddi! Yr ydych chwi yn edrych yn *demure* neillduol. Rhwng pobpeth darlun i'w gadw a'i gofio ydyw.

Y mae yn drist gennyf feddwl fod fy adgofion o fwyniant Glyn Llyfnant yn cael eu hystyried genych fel yn 'ymylu ar seboni'. Dywedais y gwir yn syml, gan dalu *compliment* i'r heulwen.

Yr wyf yn deall mai ar nos Wener, Mehefin 18 mae Rhys Lewis i fod. Mae'n debyg y bydd y Senedd yn tori o Meh. 4 hyd Meh. 24. Felly rhwng y Sulgwyn a'r Jiwbili cawn *holiday* lled dda.

Dydd Llun

Wele fi eto yn y Ty. Gryn lawer ychwaneg o fywyd heddyw oherwydd dygwyd i mewn Employers' Liability Bill a chan ei fod [yn bwnc] sydd yn cyffwrdd y boced mae y Sais yn deffro yn union ac yn dechre teimlo dyddordeb.

Cofion carediccaf, anwyl Feluseg

Yr eiddoch yn gywir

Y Goleuwr Gwan.

————————

14. Ei gyfaill Mr. Acland oedd Arthur H. D. Acland (1847-1926) AS Rhyddfrydol Rotherham 1885-99. Cymerai ddiddordeb ymarferol yn addysg Cymru, ac ef oedd yn gyfrifol am addysg yn y Cabinet 1892. Yr oedd ganddo dŷ yng Nghlynnog Fawr yn Arfon (gw. *Cofiant II* 89-90).

H. Isambard Owen (1850-1927), meddyg ac ysgolhaig. Dirprwy Ganghellor Prifysgol Cymru 1894. Urddwyd ef yn farchog yn 1902.

Nofel newydd Llewelyn Williams oedd *Gwilym a Benni Bach.* Cyhoeddwyd hi fesul pennod yn *London Kelt,* gan ddechrau yn rhifyn Medi 1896.

Côt fawr laes yw *Ulster.*

Richard Burton Haldane, yn ddiweddarach Is-Iarll 1af Haldane of Cloan.

Ar 6 Fai 1892 y bu farw tad Annie.

John Hugh Edwards (1869-1945), golygydd y cylchgrawn *Young*

Wales, 1895-1904 a *Wales* 1911-14. Am farn J. H. Davies, amdano, gw. *John Humphrey Davies* gan T. I. Ellis (1963) 85.

Y Parch. John Evan Hughes (1865-1932), gweinidog Seilo M.C. Caernarfon 1894-1926. Golygydd y *Traethodydd*, 1905-28. Priododd â Lily.

Marw Ab Owen. gw. *Llythyrau Syr O.M. Edwards ac Elin Edwards*, gol. Hazel Davies (1991), xxvii; a chasgliad T. E. Ellis, Llyfrgell Genedlaethol Cymru, rhif 499.

Miss Annie Davies, 20 North Parade

38 Ebury St.

Mai 9, 1897

Fwynaf Feluseg,

Nis gallaf ddyweud, fel yr oeddych chwi yn gallu dyweud, fy mod wedi gweithio a'm holl egni trwy y dydd. Ond yr wyf finnau yn cymeryd seibiant a thawelwch y nos i anfon gair atoch chwithau.

Gwell i mi gyfaddef ar unwaith nad ydwyf wedi bod yn y capel heddyw, fel nad wyf yn teimlo fy mod wedi treulio Sul fel y dylaswn. Ac etto nid ydyw wedi bod yn Sul di-fudd a di-brofiad. Eis i frecwast gyda Mr. Acland. Yr ydym er ys deng mlynedd wedi bod yn gyfeillion calon, wedi dyweud ein dirgelion y naill wrth y llall, wedi bod yn cyd-gynllunio ac yn cyd-weithio, wedi bod yn cyd-dreulio ein gwyliau gyda'n gilydd, wedi bod trwy lawer cyfwng ac ystorm a pherygl gyda'n gilydd, wedi gweld llawer o'n cynlluniau a'n gobeithion yn cael eu cyflawni ac wedi gweled aml siomiant. Felly gellwch feddwl fod dwy awr neu dair o seiat gyda'n gilydd yn nhawelwch bore Sul yn ymdrin ar a fu ac a fydd bron yn ogystal a moddion gras.

Wedi hynny daeth Dr. Isambard Owen gyda mi i *lunch*. Mae ef a minne wedi bod am bum mlynedd o leiaf yn gyd-weithwyr yn ngwinllan Cymru. Mae gennyf barch mawr a chynyddol tuag atto. Mae yn hollol anhunanol. Mae yn rhoddi ei amser, ei feddwl, ei egni a'i flynyddoedd gore i Gymru. Byddaf yn well ac yn hoewach fy ysbryd bob amser ar ol ymgom gydag ef. Felly heddyw. Cerddais gyda chalon ysgafn tua'r Wladfa. Gelwais yn '59' a cefais eich chwaer newydd ddarfod ei llythyr adre,

John eisioes wedi myned i '57' a Walter yn ei ystafell yn ymbincio . . .

Yn lle mynd, fel y dylaswn, i Charing Cross Road, eis i wisgo er mwyn myned i ginio gyda Mr. Haldane. Mae ef a minne bellach yn hen gyfeillion. Aeth ef a minne gyda'n gilydd trwy ddŵr a thân yn amser ffurfiad Gweinyddiaeth Arglwydd Rosebery. Bydd yn dda gennyf gael ambell awr o brofiad gydag ef. Heno yr oedd Lord a Lady Tweedmouth yn ciniawa gydag ef hefyd. Maent newydd ddychwelyd o ymweliad o rai wythnosau a Gogledd Africa a'r Hispaen. Cawsom noson bleserus iawn . . .

Cyfaddefaf yn union mai y sicrwydd ydyw pe buasech chwi yn Llunden na buaswn yn addaw myned i ginio ond mai myned wnawn i Charing Cross gan ddisgwyl y buasech chwithe yno hefyd ac y cawswn y mwyniant o gyd-gerdded adre gyda chwi gan ymgomio rhai o faterion trymion bywyd.

Dywedwch yn eich llythyr mai nid myfi ydyw gweinidog yr eglwys yr ydych yn aelod o honi. Yr ydych yn cyfaddef eich profiad heb ofni cerydd. Felly finne yr wyf wedi dywedud hanes fy Sul wrthych chwi gan deimlo y rhowch y wedd ore ar fy ymddygiad ac y byddwch yn dyner wrthyf.

Diolch o galon i chwi am eich bod, fel y dywedwch yn eich llythyr, yn ysgrifenu fel yr ydych yn meddwl. Mae eich llythyr diweddaf yn gyfuniad perffaith o'r tair elfen o hanes, profiad a chyffes. Mae pob gair o'r hanes yn ddyddorol, ac yr wyf yn ei deimlo yn fraint ac yn foddion crefyddol eich bod wedi dywed wrthyf am y teimladau tyner a sanctaidd sydd yn gwneud tristwch y chweched o Fai yn gysegredig i chwi.

Er pan gefais eich llythyr neithiwr — ac er na ddaeth boreu Gwener neu Sadwrn fel yr oeddwn yn disgwyl, eto yr oeddwn yn hyderus a thawel y deuai cyn yr elai yr wythnos heibio, ac felly fu — yr wyf wedi meddwl llawer ynghylch yr hyn ddywedwch am eich teimlad o euogrwydd ar ol dod adre o Lunden. Yr wyf yn cofio yn dda yr ymddiddan gawsom ynghylch yr un peth pan yn cerdded ar hyd Oxford St. a Holborn. Ond os ydych chwi yn teimlo felly, druan o'r rhan fwyaf o honom ni y pechaduriaid mwy. 'But the gates of Heaven are wide'.

Mae y meddwl am danoch chwi fel 'proper Maiden Aunt' yn gwneud llong ddrylliad hollol o'm difrifwch Seneddol. Dyddorol iawn oedd ymgais John Hugh i'ch cael yn *hostess* i'w wleidyddwyr aiddgar ieuainc, ond mae yn well nag *exciting novel* meddwl am danoch fel *stern chaperone* i bedair llances iauanc a direidus. Gwynfyd na chawn hanes llythrenol wir o barti dydd Mercher!

Gan Lloyd-George y clywais yr *echoes*. Yr oeddym ill dau yn Gatti un noson yr wythnos cyn y ddiweddaf a dywedodd wrthyf iddo weled Mr. J.E.H. yn yr Amwythig amser Llys y Brifysgol a'i gael 'tan ei glwyfau'. Teimlai oddiwrth y ffaith fod John wedi sefyll yn *severe* heb ddyweud gair tra yr oeddwn i yn ysgwyd llaw ag ef pan y cyfarfyddasom Lily ag ef gerllaw'r Coleg, nad oedd John yn meddwl yn dda am dano, a'i fod yn gwgu ar gyfeillgarwch Lily ac yntau. Gallwn feddwl fod y llygaid disglaer hyny yn tristau a lleithio wrth ddyweud y profiad . . .

Nos Fercher nesaf byddaf yn llywyddu ar gyfarfod blynyddol mawr y *London Missionary Society* a nos Sadwrn yr wyf wedi gwahodd pwyllgorau y Guild of Graduates, oddeutu deugain, i giniawa gyda mi. Felly gwelwch fod yma gryn amrywiaeth yn fy mywyd, a'm bod yn ceisio gweithredu yn ol efengyl y golau gwan.

Ty y Cyffredin

Prydnawn Llun

Cefais lythyr bore heddyw oddiwrth Owen Edwards. Yr oedd wedi ei wahodd i ginio'r *Guild*. Llythyr trist a thorcalonus ydyw.

'Mae colli Ab Owen wedi fy ysigo i'n hollol; ac y mae Elin yn methu ennill dim o'i nerth yn ol. Y mae yr hen awydd at waith, ie, yr hen gariad at Gymru, wedi darfod ynnof. Medraf weithio yma'n eithaf: ond y munud y ceisiaf orffwyso y mae'r adgof am fy ngholled yn fy llethu'n lân.'

Beth fuasech yn anfon fel ateb i'r fath lythyr? A oes unrhyw gysur i un mor glwyfedig?

Cofion cynes, caredig.

Yr eiddoch yn bur

Y Goleuwr Gwan.

15. Dilyn ffasiwn yr oedd Frances Davies a Lily. Saesneg oedd iaith yr aelwyd, fel y dywedodd Annie yn ei Hatgofion.

Robert Arundel Hudson (1864-1927) A.S. Rhyddfrydol dros East Finsbury, 1893. Prif Drefnydd y Blaid Ryddfrydol. T.E. oedd ei was priodas. Yr oedd Dorothy yn un o forynion priodas Annie.

John Tomlinson Brunner, A.S. Rhyddfrydol dros Northwich. Bu T.E. yn ysgrifennydd preifat iddo o 1885, cyn mynd i'r Senedd.

Yr oedd J. H. Davies yn Drysorydd Cymanfa Gyffredinol y M.C.

Aeth T.E. i drafferth i ddisgrifio'r stafell ginio, trefniant y bwrdd a'r holl fanylion am y gwyddai y byddai'r cwbl o ddiddordeb mawr i Annie.

Yr oedd J. Herbert Roberts yn A.S. Rhyddfrydol dros Ddinbych, a'i wraig Hannah yn ferch i W. S. Caine, A.S. Rhyddfrydol dros Camborne yng Nghernyw ac yn chwaer i Ruth, dyweddi J. Herbert Lewis.

Henry Arthur Jones (1851-1929) dramodydd poblogaidd.

Sir William Harcourt (1827-1904) Canghellor y Trysorlys 1892-5; Arweinydd y Rhyddfrydwyr 1896-8.

38 Ebury St.

Nos Sul, Mai 30, 1897

Fy Anwyl Feluseg,

Yr oedd yn bleser ychwanegol i mi gael llythyr oddiwrthych o Cwrtmawr, eich hen gartref. Yr wyf yn sicr y buasech yn cerdded y chwe milldir boreu Mercher diweddaf yn hollol ysgafndroed pe na buasai Dr. Lloyd wedi cael y fraint o'ch cario, oherwydd yr oedd pob cam yn eich cymeryd yn agosach i fan sydd mor anwyl i chwi. Yr oedd pob gair yn ddyddorol — tegwch y wlad ddydd Mercher, y gwlaw tyfu ddydd Iau, y gwcw'n canu tra yr oeddych yn ysgrifenu, Lily a chwithe yn y seiat (er heb gymaint o fendith ag y buasech yn ddymuno), a'r *good long gossip* gyda'r deilad a'i wraig.

Yr wyf yn lled sicr eich bod wedi cael Sul hapus heddyw yn nghapel eich plentyndod.

Gresyn fod eich mam a Lily mor hwyrfrydig i siarad yr hen iaith. Ond pa un bynag, nid oes dim achos i chwi gwyno ynghylch eich Cymraeg. Mae yn glir yn gryf ac yn ystwyth. Mae'n wir nad ydych wedi llwyr feistroli y *mutations* — y cyfnewidiadau yn nechreu ambell i air. Mae John eich brawd, er yn llenor hyffordd, yn cael cryn drafferth yn y *mutations*. It is very largely a matter of sound, and the difficulty is easily to be remedied by reading Welsh aloud so as to catch, almost unconsciously, the euphony of sound and of spelling. Ni raid i chwi betruso ynghylch hyn. Deuwch i ysgrifenu Cymraeg campus heb yn wybod i chwi eich hun.

Yr wyf wedi cael Sul tra dyddorol. Bum yn brecwesta gyda'm cyfaill anwyl Hudson a chefais hwyl fawr wrth chwarae gyda'i lances fach. Mae hi a minne wedi bod yn ffrindie mawr bob amser . . .

Bum am *lunch* gyda Sir John a Lady Brunner. Ar ol rhyw ddwyawr ddyddorol yno prysurais i'r Wladfa, ac erbyn i mi fyned i fyny'r grisiau gan agoshau at ddrws 'Cwrtmawr' clywn swn tebyg i'r 'swn cynghanedd a dawnsio' glywodd brawd y mab afradlon pan nesaodd at y ty er's llawer dydd. Erbyn i mi gael mynediad i mewn cefais mai Llew a Walter oedd mewn hwyliau mawr. Rhoddwyd John dan *cross-examination* fywiog iawn ynghylch ei ymweliad a'r Gymanfa Gyffredinol. Cafwyd ei fod wedi bod yn Ruthin yn prynu hen lyfrau, wedi bod yn *gossipio* gyda L. J. Roberts, yn rhodiana ar y Parade, ond ni fedrodd roddi unrhyw brawf safadwy ei fod wedi gwrando a'r areithiau na phregethau! . . . Cefais bleser aiddgar wrth edrych dros dair cyfrol hardd Tudur Aled cyn eu myned i law y beirniaid. Aeth Mr. a Mrs. Llew i King's Cross, Walter i Jewin, a'r gweddill o honom i Charing Cross lle yr oedd Mr. Abraham Roberts yn pregethu yn dda iawn . . .

Yr wyf yn disgwyl y daw Llew a John i Gynlas oddeutu wythnos i ddydd Iau nesaf ar ol iddynt ddarfod eu *circuit*.

Cefais ddiwrnod eithaf hapus ddoe hefyd. Ar ol darfod ein llythyrau yn y bore aeth Hudson a minne ar ein *bicycles* trwy Lunden i'r Sheen Club gerllaw Richmond. Tra cawsom *lunch* yno yr oedd yn gwlawio yn drwm neillduol. Ond sychinodd ddigon i ni ddod yn ol ond yr oedd y ffyrdd mor fudr wrth i ni ddod yn ol fel yr oedd golwg lled ddifrifol arnom erbyn i ni gyrhaedd adre. Ond mwynheais yr oll yn iawn. Ar ol newid eis i *Garden Party* Mr. a Mrs. Howell Williams (i Gymdeithas Lenyddol Charing Cross) yn Camden Road yng Ngogledd Llunden . . . Erbyn i mi ddod yn ol coronwyd mwyniant y dydd

wrth weled ar fy mwrdd lythyr y Feluseg, ac un arall oddiwrth
— John Hugh! Mae unwaith eto yn erfyn am erthygl i *Young
Wales*. Ond prin y caf amser. Ai tybed a ddaw ef i Lunden?

Nos Wener bum mewn cinio ardderchog roddwyd gan Syr
James Blyth, cyfaill da iawn i'r Blaid Ryddfrydol. I enclose a
menu card which is an ingenious combination of menu, list of
guests, arrangement of table and music programme, so that you
may see the list of guests which numbered 52. It was the largest
private dinner party I have seen. He has a long Dining room
which can be divided into two by means of a wooden wall which
rises by machinery from the cellar through the floor! This
wooden wall is papered, decorated and covered with pictures
and paintings just like the rest of the room. When the ladies
went to the Drawing room after dinner, we moved to one end
of the table and the wooden wall moved upwards and closed
us snugly in! The long table was quite beautifully arranged.
Table cloths were only spread all along the border of the table
(just enough for the plates) leaving the finely-polished table open
to view save for the roses and the cups and mugs of old silver
which formed the decoration. The room was lighted by electric
light from above. Thus the view from one end to the other of
the long table was uninterrupted . . .

Nos Fercher bum yn ciniawa gyda Mr. a Mrs. Herbert
Roberts a chefais yr hyfrydwch o gymeryd i ginio *fianceè* Mr.
Herbert Lewis. I think she is very nice — and very happy. The
wedding will be on July 8 o'r July 13.

Yr wyf yn disgwyl medru gadael Llunden am Gynlas
prydnawn ddydd Mercher er mwyn i mi fedru bod yng Ngwledd
Mr. Griffith Springfield yn Nolgelle ddydd Iau. A gaf fi air
oddiwrthych cyn i chwi adael am y Bala?

Mae rhagolygon disglaer am gynulleidfa dda i 'Rhys Lewis'.
Mae y tocynau yn gwerthu yn rhwydd. Mae Mr. Henry Arthur
Jones, y *dramatist* am fod yno. Yr wyf yn pryderu wrth feddwl
sut y deuant trwyddi!

NOS DA, FWYNAF FELUSEG.

Ty Cyffredin

Dydd Llun

Mae rhyw obaith heddyw y gallaf fyned adre ddydd Mercher,
ond prin y gallaf adael cyn 4.45 gan gyrhaedd Corwen am 11.15
y nos. Nid yw y trên yn myned ymhellach a rhaid i mi fyned
10 milldir i Gynlas ar fy *bicycle* ! . . .

Cofion caredicaf

oddiwrth

Y Goleuwr Gwan.

---

16. Aethai Annie i aros gyda'i chyfeillion, merched y Prifathro
T. C. Edwards yng Ngholeg y Bala. Gan fod T.E. gartref yng
Nghynlas, daeth hithau yno i fwrw'r Sul. Hwyrach mai trefnu hynny
oedd un o'r ANHAWSDERAU.

Pwrpas y siwrnai i Bwllheli oedd ymweld â J. Gwenogfryn Evans
(1852-1930) Arolygydd Cymraeg i Gomisiwn Llawysgrifau
Hanesyddol. T.E. a fu'n foddion iddo gael pensiwn brenhinol at y
gwaith hwn yn 1894.

Arwyddai T.E. ei enw fel y Goleuwr Gwan.

Miss Annie Davies (of Cwrtmawr)

The Theological College, Bala

Cynlas, Corwen

Dydd Gwener [*Marc post 11 Ju*]

Fwynaf Feluseg,

Clywais oddiwrth John bore heddyw ac yr wyf wedi trefnu ei
gyfarfod yn yr Abermaw am 2.50 er cyd-deithio i Bwllheli. Nis
gwn yn iawn pa un ai gyda'r trên ynte ar y *bicycle* yr âf i
Abermaw.

Gresyn na fuasech yn hwyl y Sarnau heddyw. Yr wyf yn
cychwyn yno yn awr.

Ai tybed a aroswch chwi yn y Bala dros y Sul?

Cofion carediccaf

Yr eiddoch yn gefnog er YR ANHAWSDERAU

Y.G.G.

38

17. Aeth Annie adre i Aberystwyth cyn cychwyn i Lundain ar gyfer dathlu Jiwbili Diamwnd y Frenhines Victoria.

Cyfarfu â Gwenogfryn yn Llundain a hwyrach mai ef a gyfeiriai ati fel 'merch fach o'r wlad'. Rhoes *Y Fferm* yn gyfeiriad pan sgrifennodd lythyr ati. Yn Llanbedrog y cododd dŷ a'i gynllunio ei hunan.

Ar ei feic y teithiodd T.E. i'r Bermo, dyna paham y mae'n crybwyll y gwynt cryf. Arwydda Y Disgwyliwr Distaw.

Yn Albwm Annie sgrifennodd T.E. y dyfyniad hwn o *Lyfr y Tri Aderyn*, Morgan Llwyd, 'Gwyn ei byd y disgwylwyr distaw, fe ymwel yr Arglwydd Iesu a hwynt.'

(*Gweithiau Morgan Llwyd o Wynedd* dan olygiaeth Thomas E. Ellis. 1899) tud. 238.

Miss Annie Davies, 20 North Parade, Aberystwyth

[*Marc post 'Pwllheli Ju 13, 97.'*]

[*Cerdyn Printiedig*]

Cynlas, Corwen

Fwynaf Ferch Fach o'r Wlad,

Rhoddais eich neges yn dyner a gofalus i Gwenogfryn ac y mae yn anfon ei gofion dwysaf yn ol.

It is simply delightful here. Gwenogfryn's house will be when finished one of the nicest and most finely situated houses in Wales.

I reached Barmouth — though the wind was dead against me just in time.

John is going to London tomorrow. Cofiwch ddod ddydd Iau.

Cofion caredicaf

Yr eiddoch yn gywir

Y Disgwyliwr Disdaw.

---

18. Yr oedd chwiorydd T.E. yn dyfod i Lundain i weld gorymdaith y Jiwbili Diamwnd ar 22 Mehefin. Yr oedd hwn yn achlysur hanesyddol y cyfeirir ato yn atgofion a chofiannau amryw o awduron. Am adwaith O. M. Edwards gw. *Wales* Vol. IV 155.

'Y Cwmni' oedd y cwmni drama a berfformiai *Rhys Lewis*. Myfanwy Roberts, Frondirion Dolgellau.

'Y frwydr fawr' yn erbyn y gwynt. gw. y llythyr blaenorol.
Araith fer yn gwrthwynebu penodi Sais di-Gymraeg yn Brif Arolygydd Ysgolion yng Nghymru (gw. *Cofiant II*, 278).

Miss Annie Davies, 59 Chancery Lane

38 Ebury St.

Nos Iau, Mehefin 18, 1897

Anwyl Feluseg,

Yr oedd yn fwyniant mawr i mi gael eich llythyr cyn cychwyn bore heddyw. Llythyr byr ydyw ond lled gynwysfawr.

Fy hunan y deuais i Lunden heddyw. Yr oedd atdyniadau Sassiwn y Plant yn rhy gryf i'r Parchedig J.J. Felly gwnaeth ei feddwl i fyny i ddod yfory, ac ar ol tipyn o ddadleu'r pwnc penderfynodd Jennie wneud yr un modd. Felly deuant gyda'r 5.20 prydnawn yfory mewn pryd i ymwisgo fel i fod yn Frascati erbyn 6.30 . . .

Gobeithio yr aiff y 'Cwmni' drwy eu gwaith yn weddol lwyddianus. Gwyddoch fy mod i er y dechreu yn lled bryderus yn ngylch y mater.

Mae'n ddrwg genyf fod *Garden Party* Cymru Fydd ddydd Sadwrn, oherwydd yr oeddym wedi arfaethu cael diwrnod ar yr afon.

Ond yr wyf wedi medru cael tocynau i *La Poupeé* nos Sadwrn ac yr wyf yn hyderu y cawn oll gryn hwyl.

Gyda golwg ar y Sul rwy'n credu mai'r peth gore fyddai gadael i An Dafis a John Jones drefnu y moddion.

Am ddydd Mawrth yr wyf yn credu fod tocynau wedi cyrhaedd eich chwaer a'ch brodyr heno i'n *stand* yn Parliament St. Yr wyf yn gobeithio y deuwch chwi gyda'm chwaer i'r *stand* yn Palace Yard yr ochr arall i'r ffordd.

Cofiaf yn hir am ddydd Sadwrn diweddaf. Dylem gael seiat brofiad yn ei gylch. Ni synais fwy erioed na phan welais chwi gyda Miss Myfanwy Roberts. Yr oeddwn ychydig funudau cyn hyny yn meddwl eich bod yn y trên yn rhywle tua Llwyngwril neu Dowyn. Ni raid i mi ddyweud mor dderbyniol oedd holl amgylchiadau y 'crystyn a'r dwr'. Cefais frwydr fawr i gyrhaedd yr Abermaw. Mwynhaodd John a minne ein hymweliad a

Gwenogfryn yn *ardderchog*. Drwg gennyf na chefais ond munud neu ddau i anfon fy nodyn attoch nawn Sul. Yr oedd genyf lawer i'w ddyweud — ond gwell tewi weithiau.

Gwneis araeth fer yn y Ty heno — tipyn cynt na 1902 onide!

Yr eiddoch, er pob anhawsderau

Y Goleuwr Gwan.

[*Yn yr un amlen*] 38 Ebury St.

Bore Gwener, 2.30 a.m.

Anwyl Feluseg,

Yr oedd yn dda odiaeth genyf weld eich llythyr yn fy aros adref, ac y mae wedi bod yn ysbrydoliaeth i mi tra yn paratoi gogyfer a Plymouth.

Gallaf ddyweud ar unwaith fy mod wedi llwyr a hollol anufuddhau i un gorchymyn ynddo: 'peidiwch a darllen ymhellach, ond trosglwyddwch y papur yma i'r fflamau'. Darllenais *ymhellach* gyda mwyniant mawr ac ni throsglwyddaf y papur i'r fflamau nac i unman nac undyn.

Rwy'n disgwyl y maddeuwch i mi fy anufudd-dod pendant! . . .

Ymhen ychydig oriau byddaf yn rhuthro i Plymouth. Cofiaf oedfa St. Paul a dywedaf air croew os nad chwerw am y clerigyn hwnnw a ruchiodd eich yspryd chwi a minne. Gobeithiaf ddod yn ol prydnawn Sadwrn. Mae Eluned wedi erfyn arnaf i'w gweld cyn iddi ymadael. Ceisiaf fod yno rhwng pump a chwech nos Sadwrn. Wedi hyny deuaf, os caniatewch, i dalu'm parch i chwi ac i glywed newyddion am John Jones am John ac am eich gweithrediadau a'ch profiad chwi.

Yn y cyfamser diolch cynes am eich llythyr a chofion fyrdd.

Yr eiddoch fel arfer,

Y Goleuwr Gwan.

19. John Gibson (1841-1915) golygydd y *Cambrian News*. Yn rhifyn 26 Chwefror 1897 sylwodd, *'Wales is not benefited but injured by her so-called leaders finding places in Governments. Mr T. E. Ellis ceased to be the Parnell of Wales when he got a place in a Liberal Government and now this title, once gloried in would seem almost an insult.'*

Mae'r cyfeiriad at eu hymgom yn golygu fod Annie wedi cytuno i'w briodi, ond nad oedd yn barod i'w dyweddïad gael ei gyhoeddi'n swyddogol. Yn ôl *Cofiant II*, 278, dyma'r dydd y cytunwyd i briodi.

Mae T.E. yn awyddus iddi aros yn Llundain hyd ddiwedd y mis. Ar 30 Mehefin buont ill dau yn Rhydychen. (gw. llythyr 13 Gorffennaf).

Miss Annie Davies, 59 Chancery Lane

38 Ebury St.

Nos Wener, Meh 25, 1897

Hawddgaraf Feluseg,

Aeth Mr. Acland a mi heno i'r Imperial Institute i glywed Strauss's Band a chefais wir wledd. Yr oedd y miwsig yn ardderchog a thrwyddo oll cefais seiat brofiad gyda'm meddyliau a'm teimladau fy hun. Am danoch chwi ac am Gibson y bum yn meddwl fwyaf! Mae'n ddrwg o'm calon gennyf am Gibson. Mae wedi bod yn gâs ac anhêg tuag attaf aml dro, ond y mae hefyd wedi dweud wrthyf ac am danaf wirioneddau y dylwn eu gwybod. Mae yn ddyn cryf, ac y mae gweld dyn cryf yn colli ei gryfder yn beth trist a gofidus iawn. Prin y buoch chwi o'm meddwl o gwbl. Daeth adgofion o'r misoedd diweddaf yn llu i'm meddwl a hiraethais am eich cael yn fy ymyl i gyfranogi ynddynt yn nylanwad y miwsig. Meddyliais lawer am ein hymgom heddyw a theimlais mor ychydig ddadganwyd o'r teimladau oedd ynnoch chwi ac ynnof finne.

Ond anfon gair yr ydwyf heno nid i ddyweud fy mhrofiad ond i ddyweud i mi wneud ymchwiliad ynghylch awr Cwrdd y crynwyr a chefais, fel y dywedasoch, mai am 11.0 y maent yn cyfarfod. Felly, os byw ac iach, byddaf yn Chancery Lane bore Sul mor fuan ag y gallaf ar ol 10.30 er mwyn i ni gael myned yn hamddenol gyda'n gilydd i'r gwasanaeth.

Un gair arall. Peidiwch myned adre cyn dydd Iau. Mae gennyf gryn lawer o waith yr wythnos nesaf ond medraf gynllunio i gael y mwyniant o weled eich gwedd bob dydd os byddwch yn Llunden. Mae genych ganiattad yr awdurdod uchaf i aros, ac felly ni raid i chwi bryderu y bydd eich gwrandawiad ar fy neisyfiad yn eich gwyro o lwybr dyledswydd.

Yr wyf yn gobeithio y cewch chwi a'ch chwaer ddiwrnod hapus a hwyliog yn Stratford-on-Avon. Yn nghanol y llongau a'r tonnau byddaf yn meddwl am danoch.

Cofion cariadus, anwyl, anwyl Annie

Yr eiddoch ddydd a nos

Y Goleuwr Gwan.

---

20. Hatchlands, cartref Stuart Rendel (1834-1913) A.S. Rhyddfrydol sir Drefaldwyn 1880-94. Cadeirydd y Blaid Seneddol Gymreig 1888-. Barwn Rendel 1894. Cyfaill i W. E. Gladstone.

Yr Hen Wreigan oedd y Frenhines Victoria.

Mewn papur Cymraeg adroddwyd am y ddamwain gyda'r beic '. . . Disgynnodd Mr Ellis ar ei ben ar y palmant lle y gorweddai mewn cyflwr anymwybodol.'

Yn naturiol ceisiai fychanu'r effeithiau wrth sgrifennu at Annie.

Yn ei lythyr at T.E. dywedodd Gwenogfryn: 'Dianghenraid i fi weyd fod yn ddrwg iawn genyf nad oeddwn yn Rhyd yr Ochen i weld fy anwyl whaer o sir Berteifi, y mwyna, y lana a'r hawddgara o ferched Cymru . . .' (*Casgliad llythyrau T.E.E.*, rhif 598).

Disgwyliwr Distaw ydoedd nes i Annie benderfynu pryd y byddent yn dyweddïo'n swyddogol.

Miss Annie Davies, 20 North Parade, Aberystwyth

Hatchlands

Guildford

Bore Sul, Gorph 4, 1897

Anwyl Annie,

Nid oes yma gapel Methodist na Chwrdd Crynwyr yn agos, ac fel y gwyddoch nid wyf ryw lawer o Eglwyswr, felly ar ol ychydig dro oddeutu'r parc wele fi yn anfon gair i gyfarch gwell i chwi. Mae'n debyg fod y Parchedig J.J. a chwithe ym moddion gras y munudau hyn. Gobeithio eich bod mor ddefosiynol yng nghwmni y Parchedig ag yr oeddych yr amser yma wythnos i heddyw. Gallwn feddwl oddiwrth ddiwedd eich llythyr fod eich ysbryd yn uchel a'ch calon yn ysgafn bore ddydd Gwener. Yr wyf yn hyderu fod Lily a chwithe wedi cael taith hapus a dyddorol i Fachynlleth a bod y *bicycle* wedi ymddwyn yn briodol a pharchus tuag at ei feistres, ei bod hithau yn foddlon i'w wasanaethu.

Meddyliais wrth ddarllen eich llythyr — a diolchiadau fil i chwi am anfon gair mor fuan — eich bod yn tybied mai am ddiogelwch a chysur y *bicycle* yn unig yn ystod ei daith yr oeddwn yn pryderu, a'ch bod wrth basio yn taflu gair i mewn *am danoch eich hunan.* Heb ymhelaethu ar y mater, da iawn oedd genyf ddeall eich bod wedi cael siwrnai ddiddan a chysurus. Ar ol ffarwelio â chwi yn Euston ymwelodd John a minne a siop lyfrau mewn rhyw heol gul dywell — un o *haunts* llenyddol Sion Tudur a'r noson honno aeth ef a Llew W. a minne i'r Duke of York's Theatre i weled 'A Day in Paris' . . . George had heard of our visit to Oxford and I derived huge enjoyment out of the glowingly imaginative pictures which he and Llew freely drew.

Cefais ddiwrnod dyddorol iawn ddoe. Rhoddwyd *lunch* yn y National Liberal Club i'r *Colonial Premiers.* Yr oedd yno agos i 250 yn bresenol. Lord Carrington oedd yn y gadair . . . nodwedd neillduol yr amgylchiad oedd y derbyniad ardderchog gafodd Arglwydd Roseberry a'r araeth gampus wnaeth wrth gynyg llwncdestyn y 'Colonies'.

(Dydd Llun)

Gwyddoch fy mod i yn edmygedd mawr o Roseberry a gellwch feddwl fy mod yn falch iawn fod yr Arweinydd dan ba un y gwasanaethais gyda gymaint o bleser yn parhau i gynyddu mewn ffafr gyda Rhyddfrydwyr.

Ar ol *lunch* aethom i Windsor. Eis gyda Sir Westman a Lady Pearson i Paddington ac oddiyno gyda chwmni difyr i Windsor. Yr oedd pobpeth wrth fodd y 'faithful Commons' yno — y tywydd, y miwsig, yr olygfa, y dyrfa, y refreshments a'r Hen Wreigan ei hun. Ni arosais yno yn hir gan fod arnaf eisiau myned i Hatchlands. Ond bum yno ddigon i weled ystafelloedd godidog y Castell, ac i wylio oddiar y Terrace y Frenhines yn gwneud ei ffordd drwy'r dyrfa gan alw hwn a'r llall i ddod ati. Clywais i Mabon gael ei alw ac iddi ddyweud wrtho 'I am glad to see you Mabon!' ac iddo yntau ateb yn Gymraeg, 'Diolch i chi, eich Mawrhydi.'

Aeth Herbert Gladstone a minne oddi yno yn gynar gydag un aelod arall Mr. Haldane a chyrhaeddasom Hatchlands erbyn cinio hwyr . . .

Boreu heddyw . . . penderfynodd Herbert Gladstone a minne fyned ar ein *bicycles* i Lunden. Ar ol ffarwelio aethom 12 milldir mewn 45 munud ond yn agos i Surbiton tra yn myned yn ol 14 milldir yr awr, aeth fy *micycle* ar draws rhywbeth, rhodd dro, a cefais gwymp ofnadwy. *Dychrynodd* Herbert Gladstone ond codais yn ebrwydd. My trousers were ripped open at the knee, there was a large and deep wound that looked somewhat ghastly. Herbert Gladstone looked for the Doctor's, called on two but they were out so I walked on for 15 minutes to a Cottage Hospital where a gentle neat-handed nurse dressed my wound and I got a cab and took train to London. And here I am in the House of Commons, limping but happy and wondering why I fell and still more how I am alive! . . .

Cafais air oddiwrth Gwenogfryn heddyw — doniol neillduol. Mae ynddo gyfeiriad prydferth iawn attoch chwi ond pe buaswn yn ei anfon attoch, ni fuasech, hwyrach, ond yn chwerthin am ei ben. Felly mwynhaf ef fy hunan.

Ni chafodd Gwenogfryn y llythyr a anfonais ddydd Llun tan boreu ddydd Gwener! Ac y mae yn ofidus iawn na chafodd y pleser o'ch gweled. Mae yn anfon cofion fyrdd attoch ac yn dymuno pob bendith i chwi.

Yr eiddoch ddoe, heddyw ac am a fydd

Y Disgwyliwr Distaw

---

21. Priodas Herbert Lewis. Buasai gwraig gyntaf Herbert Lewis farw'n sydyn ym mis Mehefin 1895.

Yr alawon Cymreig yn y briodas; ai dyma a roes y syniad i T.E. i gael rhai cyffelyb yn ei briodas yntau ag Annie?

Darlun gan D.G. Rossetti yw *Sir Galahad* a *Hope* gan G. F. Watts. Yr oedd darluniau gan yr artistiaid *pre-Raphaelite* yn dra ffasiynol yn y cyfnod.

Miss Annie Davies, 20 North Parade

38 Ebury St.

Gorph 8, 1897

Fy Anwyl Annie,

Yr wyf wedi cael llawer llythyr dyddorol a gwerthfawr oddi wrthych ond am y diweddaf efe a ragorodd arnynt oll. Darllenais ef drosodd a throsodd gyda blas a mwyniant mawr, a chan fy mod yn garcharor er dydd Llun yr oedd dyfodiad a chynwys y llythyr a'r meddwl am ei anfonydd yn bywiocau fy yspryd. Ac am y darlun — campus. Mae yr edrychiad yn feddylgar, yn ddwys, bron yn drist fel Emyn cymreig. Diolchiadau fyrdd i chwi am dano.

Yr oedd pob gair o hanes y *Great Machynlleth Expedition* yn ddyddorol iawn. Yr wyf wedi bod yn dyfalu llawer beth oedd eich atebiad i ôf Talybont yn nammeg 'Gwraig a Bicycle'. Feallai y caf glywed gan Lili pan welaf hi! Gobeithio nad ydyw Lili yn dioddef oddiwrth effeithiau y ddamwain. Yr wyf fi wedi bod yn invalid ers nos Lun. Daeth Dr. Isambard Owen nos Lun i lawr i'r Ty i gael ymgom a *cigarette* a gwelodd fy mod yn gloff. Mynodd weled fy mriw, ysgydwodd ei ben, anfonodd am antiseptic a lint, a dyna lle bu yn y Whips' Room yn golchi a gwisgo y briw. Daeth a mi yma, rhoddodd fi i gysgu ac er hyny y mae wedi bod yn dod yma nos a bore i drin y briw. Y mae yn gwella yn foddhaol ac y mae wedi caniattau i mi fyned heddyw i briodas Herbert Lewis er fy mod yn gloff. Mae wedi bod yn odiaeth o garedig. Nid yn fuan yr anghofiaf ei garedigrwydd a'i ofal a'i dynerwch. Yr wyf yn credu fod genych bob amser gryn edmygedd o Dr. Isambard Owen ac yr wyf yn credu y teimlwch yn fwy caredig fyth tuag ato oherwydd ei hynawsedd tuag at un o ferthyron y *bike*.

Yr wyf newydd ddod yn ol o'r briodas. Aeth pobpeth drwodd yn llwyddianus a destlus iawn. Yr oedd y capel yn llawn, nifer dda o Aelodau yn enwedig o Gymru. Tra yn aros i'r briodasferch ddod chwareuodd yr organist nifer o alawon Cymreig gan ddechreu gyda *Clychau Aberdyfi*. Pur dda, onidê? Miss Caine (y feddyges), Miss Roberts (Bryngwenallt) a llances fach oedd y 'morwynion priodas'. Yr oeddynt hwy, fel y briodasferch yn edrych yn *bright* a hapus. Dr. Guiness Rogers a Mr. Abraham Roberts oedd yn gweinyddu. I summoned as much stoicism as I could command so as not to limp while escorting the bridegroom to his seat or while taking the chief bridesmaid to the carriage. The presents were very numerous, several from societies connected with the Wheatsheaf Hall where Mr. Caine lectures. I gave *Sir Galahad* to the bride and *Hope* to the bridegroom. They were beautifully framed and I think the recipients liked them . . .

Dydd Sadwrn mae John a minne am fyned i Rydychen am ein M.A. Adgofiaf bob cam ein hymweliad yno.

Prydnawn da i chwi, fwynaf feluseg

Yr eiddoch hyd y diwedd

Y.G.G a'r D.D.

---

22. Ymddengys i Annie fwriadu mynd i'r Eisteddfod Genedlaethol yng Nghasnewydd. Yr oedd y dyweddïad i'w gyhoeddi ym mis Awst.

Miss Annie Davies, 20 North Parade

38 Ebury St.

Nos Fawrth

13 Viii 97

Fy anwyl Annie,

Yn wir y mae y traethawd yn dda odiaeth. Y mae y naill bennod yn fwy dyddorol, melus, a gafaelgar na'r llall. Neithiwr yr oedd arnaf hiraeth dwys am eich gweled neu am glywed oddiwrthych. Wrth edrych ar eich darlun (ac yr wyf yr wythnos yma yn fwy diolchgar am dano hyd yn oed nag yr oeddwn yr wythnos ddiweddaf) teimlais yn sicr y deuai cenad oddiwrthych yn y bore. Ac i'm llawenydd, felly fu. Ac nid rhyw air bach prin, ond dalennau gwerthfawr o hanes ac o brofiad, gyda fflachiadau godidog o oleuni yma ac acw roddodd gysur a mwyniant mawr i mi . . .

Diolch i chwi am eich ymholiadau ynghylch y briw. Mae yn llai ond y mae digon o le i wella arno etto. Mae rhan o hono yn edrych yn lled lidiog ond yr wyf yn gobeithio y bydd yn llawer gwell erbyn diwedd yr wythnos. Yr wyf yn ysgrifenu tra yn disgwyl Dr. Isambard Owen yma i roddi rhyw driniaeth newydd iddo.

Do, aeth John a minne drwy seremoniau yr M.A. yn llwyddianus bore Sadwrn . . . Yr oedd yn rhaid bod yn y Convocation House erbyn 9.45, ac er mwyn gwneud hyny yr oedd rhaid cychwyn o Paddington 6.30, ac er mwyn gwneud hyny yr oedd yn rhaid codi 5.0 er mwyn i mi gael amser i wisgo'r briw. Yr oedd John a minne ar blatform Paddington mewn amser da a chawsom daith gysurus, tipyn o ymgom a thipyn o gysgu. Wedi cyrhaedd Oxford aeth John i Lincoln ac wedi brecwast eis i New College ac yna i'r Convocation House. Yr oedd y lle yn llawn o rai yn cymeryd eu degree a'u cyfeillion a'u cyfeillesau. Yr oedd yn ofidus genyf na buaswn wedi trefnu i ni gymeryd ein degree ar ddydd Iau Gorph 1 fel y gallech chwi fod yno. Buasech yn cael hwyl neillduol wrth weled Sion Tudur a minne yng nghanol tyrfa yn cael ein galw mewn Lladin, yn myned o flaen y Vice-Chancellor a'r Proctors eraill yn ein B.A. gown and hood, yn cymeryd llwon, yn penlinio o flaen y Vice-Chancellor yr hwn ar ol siarad llawer o Ladin a'n tarawodd (yn ysgafn) ar ein pennau a llyfr, ac yna ar ol moes-ymgrymu yn myned ar hyd yr ystafell fawr i ystafell arall i roddi heibio wisg *Bachelors* a chymeryd arnom wisg Master — *gown* a llewys hirion a scarlet hood, yna yn myned i'r ystafell fawr yr ail waith, moes-ymgyrmu o flaen y Vice-Chancellor (Mr. McGrath) ac yna allan. Cefais ganiatad neillduol y Vice-Chancellor i beidio penlinio oherwydd fy mriw, ac wedi cael y caniatad penderfynais fyned os medrwn ar un pen lin. Ac felly fu . . .

Wedi'r seremoni, aeth John a minne i New College Gardens i gael ymgom dawel am a fu ac a fydd. Eisteddasom am ran o'r amser dan y *copper beech* ardderchog sydd ym mhen pellaf yr ardd, ac am y rhan arall ar y seddi lle buoch chwi a minne ar y dydd olaf o Fehefin. Yr oedd fy meddwl trwy y bore yn llawn o adgofion o'r diwrnod hwnw ac o lawer diwrnod hapus arall a dreuliais yn eich cwmni chwi yn ystod y flwyddyn hon.

Wedi dod yn ol i Lunden newidiais wisg y Brifysgol am wisg *holiday* oherwydd yr oeddwn wedi addaw aros dros y Sul gyda

Mr. a Mrs. Charles McLaren yn Haselmere. Mae ganddynt dy prydferth iawn yng nghanol coedydd ar ben un o'r bryniau uchaf yn Surrey . . . A thra yr oeddwn i yn myfyrio ar fryniau Surrey yr oeddych chwi yn ystyried pregeth ar *Anhawsderau Bywyd*. Buaswn a'r lawer cyfrif yn dymuno cael seiat brofiad gyda chwi ar ôl y bregeth. Fe gofiwch fod ANHAWSDERAU wedi bod yn destyn ystyriaeth genym nid yn unig ar y Sul ond ar ddydd Mawrth cyn hyn! Pethau wedi eu gwneud neu yn dod i'w concro ydyw anhawsderau. Yr wyf yn cydweld a chwi fod anhawsderau yn codi oddiar bechodau y gorphenol yn fwy anhawdd i'w goresgyn na'r rhai sydd yn codi o anghenion y dyfodol, er fod meddwl am y dyfodol gyda'i ansicrwydd a'i gymylau a'i aml-lwybrau a'i obeithion a'i ofnau yn gwneud i anhawsterau edrych yn fawr. Nis gallaf gredu fod gan y *Recording Angel* ryw lawer ar ei lyfrau yn eich erbyn chwi. Yr wyf yn meddwl fod ganddo lawer gwell meddwl o honoch chwi nag sydd gennych o honoch eich hunan . . .

Nid ydwyf wedi bod yn Y Wladfa ers ystalm. Nis gallaf fyned i fyny grisiau, ond bu Llew yn brysur wrthi yn fy ystafell y noson o'r blaen yn dyweud mai rheswm arall oedd. Cawsom hwyl dda uwchben y mater. Dydd Sadwrn nesaf yr wyf yn gobeithio cael eu gweled oll naill yng ngwyl gerddorol Dr. Parry yn y Crystal Palace neu yn y Cymmrodorion At Home y mae Lord Bute yn ei roddi yn y Botanic Gardens . . .

Beth yw eich program yn Awst? . . . gobeithio yr anfonwch air neu oleu gwan am ragolygon bod yn yr Eisteddfod, a lle byddwch wedi hynny. Felly y chwi sydd y tro hwn i fod yn G.G. a minnau yn D.D.

Ond nid fel yr un o'r ddau nac fel M.A. yr wyf yn anfon hyn o lythyr, eithr gyda chofion cynes a chariadus.

oddiwrth

gyfaill newydd ond pur i chwi

Tom.

23. Mabon, William Abraham (1842-1922) A.S. dros y Rhondda 1885. Arweinydd eisteddfodau.

Mynorydd, William Davies (1826-1901), cerflunydd a cherddor. Ef oedd y codwr canu yn y capel. Ei ferch oedd y gantores Dr Mary Davies.

At Home yn St. John's Lodge, tŷ y 3ydd Ardalydd Bute (1847-1900) a'i wraig. Mae adroddiad am yr achlysur yn *Celt Llundain* rhifyn Gorffennaf 1897.

Miss Annie Davies, 20 North Parade

38 Ebury St.

Nos Sul

Gorph 18, 1897

Fy anwylaf Annie,

Nid oes genyf heno fawr o hanes nac o brofiad. Mae ffrwd fy mywyd ar hyn o bryd yn rhedeg yn dawel ac araf. Mae y senedd-dymor yn dirwyn i'r pen a politics felly yn colli eu blas, mae'm corph oherwydd fy mriw yn llesg, a mae fy nghalon yng Ngheredigion. Mae'ch dymuniad am i mi gael dydd Sul hapus wedi ei gyflawni. A ydyw y rhan fwyaf o ddymuniadau eich bywyd yn cael eu cyflawni? Yntê a ydyw yn dda genych nad ydyw aml un o'ch dymuniadau wedi eu cyflawni?

Ond nid i 'holi pwnc' y dechreuais ysgrifenu. Daeth Dr. Isambard Owen yma ar ol brecwast bore heddyw i chwilio a gwisgo fy archoll a dywedodd ei fod yn graddol wella, yna ysgrifenais erthygl i'r *Daily News* gan adael i'm meddwl grwydro aml dro i gapel Llangeitho. Eis i lunch gyda Mr. Causton (un o'm Whips) yr hwn sydd *photographer* selog . . . Yr oeddwn wedi addaw bod yn y Wladfa erbyn pedwar ond heb ddyweud yn bendant pa un ai i 57 ynte 59 i fyned. Ni fedrwn fyned i'r ddau oherwydd fy nghloffni. Yn wir anturiaeth lled fawr oedd i mi fyned i fyny i un o'r ddau. Fodd bynag eis i fyny i 57 a chefais Mrs William a'r tegell yn berwi a'r tê ar fod yn barod yn disgwyl am danaf. Yr oedd Llew, wedi myned i roddi anerchiad i blant Ysgol Sul King's Cross. Buom yn ymgomio yn hir nes daeth Llew, adre . . . Aeth Mrs. W. a Mary a John a minne i Charing Cross. *Ac yno yr aethum* ac nid i'r Park!!

Yr oedd y capel yn llawn, ond y pulpud yn llawnach fyth oherwydd yr oedd Mabon ac Abraham R. ynddo. Yr oedd Mabon yn dechre'r odfa. Yr oedd yn darllen pennod o'r Hen Destament a phennod or Testament Newydd ac yn gweddio gyda hwyl Gymreig. Nis gwn yn iawn pa un ai Mynorydd yntê Mabon oedd yn arwain y canu ond yr oedd llais Mabon yn treiddio drwy'r capel ac ambell dro yr oedd mewn cymaint hwyl nes yr arweiniai y canu gyda'i law estynedig. Nis gallaf ond ceisio dychmygu teimladau Mynorydd. Yr wyf yn credu eu bod yn debyg i'm penlin i — yn lled archolledig! Beirniadol iawn o Mabon oedd Mary, ac edrych yn lled ysmala yr oedd John. Yr oedd Mrs. W. a minne dipyn yn fwy ffafriol iddo, a bron na fuasem yn dymuno iddo roddi pregeth hefyd . . .

Pe buaswn yn cael fy holi yn y seiat, yr wyf yn lled feddwl y buaswn yn dyweud: 'Yr hyn sydd wedi dal ar fy meddwl ydyw yr adnod honno: 'MAE ARNAF OFN FY MOD YN LEICIO SGRIFENU ATTOCH', a buaswn yn cyfaddef fy mod mewn cyn benbleth wrth geisio esbonio neu ddeall y gair *OFN*. A oes genych chwi ryw oleu gwan ar y gair? Cofiwch y gorchymyn euraidd: 'Rhown ein g.g. etc. etc.'

Mae John a minne yn rhyw feddwl troi ein hwynebau tua Phenfro a Thyddewi ar ol y Eisteddfod ond nid ydym wedi dod i benderfyniad pendant ar y pwnc eto. Mae Llew eisio hwyl a chyfarfod yn Llangadog, ond nid ydwyf mewn awydd am gyfarfod cyhoeddus mewn unrhyw fan pan yn nghanol fy *holidays*. Ond feallai y daw gole gwan ar y materion hyn cyn bo hir.

Y Ty

Nawn Llun

Meddyliais neithiwr y buaswn yn cael hamdden heddyw i ysgrifenu tipyn o hanes y Ddadl Gymreig yn Nhy yr Arglwyddi nos Wener ac *At Home* y Cymmrodorion nawn Sadwrn yng ngerddi y Marquis a'r Marchioness of Bute. Ond heddyw mae cenllif o waith wedi dod o'r bore hyd yn hyn fel nad oes genyf ond danfon dau *cutting* o hanes nos Wener o'r *Daily News*. Nis gwn pwy ysgrifenodd yr hyn oedd yn y *D.N.* ddydd Sadwrn ond y fi anfonodd yr hyn sydd yn y *D.N.* am heddyw.

Cafwyd nawn Sadwrn hwyliog iawn yn yr *At Home.* Yr oedd y Wladfa oll yno, a nifer mawr o *notabilities* o bob math. Yr oedd Vincent wrth ei fodd.

Diolch lawer am anfon i mi y *cutting.* Nid dyna'r unig *Observer* sydd o'r un farn. Yr wyf yn amgau barn Gwenogfryn, ond i'w fenthyg yn unig oherwydd yr wyf finne yn gwneud casgliad i fyned i Amgueddfa ryw ddydd!

Ysgrifenwch yn fuan, fuan, bennod eto.

Cofion caredig, fwynaf Feluseg

Yr eiddoch yn fwyfwy

Tom.

---

24. Llywydd yng nghyfarfod y bore oedd T.E. yn eisteddfod Corwen ac yn ei araith awgrymodd i wŷr Corwen godi cofgolofn i Owain Giyndŵr erbyn y flwyddyn 1900. Lloyd George oedd llywydd cyfarfod y prynhawn. Drannoeth teithiodd y ddau gyda'i gilydd i'r Eisteddfod Genedlaethol yng Nghasnewydd.

Derbyniwyd y ddau yn aelodau o Orsedd y Beirdd T.E. gyda'r enw Cynlas a Lloyd George fel Llwyd o Eifion. Ni fu J.H. Davies yn fuddugol yn y gystadleuaeth ar waith Tudur Aled.

Aeth T.E. i aros yn y Cwrt-mawr yn syth o'r Eisteddfod a chafodd Annie ei gwmni nes iddo fynd i Lansadwrn at Llewelyn Williams a'i wraig ar 16 Awst. Gwrthododd Annie wahoddiad Mrs Williams i ddyfod yno gyda T.E. Ei swildod a'i lledneisrwydd a barodd iddi deimlo'n hapusach ar ei phen ei hun pan gyhoeddid y dyweddïad yn y wasg.

Miss Annie Davies, 20 North Parade

House of Commons

Nos Wener

Gorph 20, 1897

Fy anwylaf Annie,

Yr wyf wedi bod yn ysgrifenu *ugeiniau* o lythyrau ac yn teimlo yn flinedig iawn, ond nis gallaf fyned i gysgu heb anfon gair o gyfarch serchog attoch.

Rhoddodd eich llythyr fwyniant mawr i mi, yr hanes, y profiad, a phobpeth oedd ynddo — ond diweddglo eich llythyr — 'yn llawn pechod'. Mae wedi fy nhristau yn fawr. Os ydych chwi, sy'n bur a gweithgar ac ystyriol, yn edrych arnoch eich hun yn y goleuni yna ac yn desgrifio eich hun mewn geiriau mor echrydus a'r rhai yna, pa beth a ddaw o'r gweddill o honom? The words haunt me as impossible and preposterous. It wounds me to see them near your name which is hour by hour becoming more dear and sacred to me.

Yr ydwyf yn disgwyl myned i Gynlas yfory gyda'r tren 1.30 gan gyrhaedd y Bala 8.30. Bydd yn bleser mawr i mi gael eu gweled yno eto a chael Sul i orphwys ac yr wyf yn gobeithio i addoli. Dydd Llun byddaf yn llywyddu yn Eisteddfod Corwen, a dydd Mawrth ceisiaf fyned i lawr i Newport. Dydd Mercher mae cyfarfod y Guild a dydd iau y cadeirio — heb son am ffawd Sion Tudur! . . .

Mae John wedi gofyn i mi ddod i Cwrt-mawr ddydd Sadwrn wythnos i yfory ac yr wyf yn edrych ymlaen yn aiddgar at y diwrnod hwnnw. Mae Llew Wms. eisiau i mi fyned i Llangadog oddeutu 13eg i gyfarfod ac i aros rhywfaint. Penderfynaf y pwnc yna pan welaf John ac y caf glywed ei farn ef . . .

Bum neithiwr hefyd yn areithio yn y Ty. Gwelaf fod y *Western Mail* yn gwneud cryn ystwr ynghylch fy araeth. Ceisiais ddweud y gwir yn lled groew.

Mae wedi bod yn hynod o boeth heddyw. Yr oeddwn yn aml yn meddwl am danoch.

> Cofion cariadus fil, fwynaf Feluseg
>
> Yr eiddoch, mewn gwres ac oerni,
>
> Tom.

---

25. Am adroddiad ar Bwyllgor De Affrica gw. *The Forerunner* 245-6.

Trefnwyd cinio i anrhydeddu Tudor Rhys a Maengwyn Davies am eu gweithgarwch wrth lwyfannu'r ddrama *Rhys Lewis*. Canwr opera oedd Maengwyn Davies.

Miss Annie Davies, 20 North Parade

38 Ebury St.
Oriau mân bore Gwener
Gorph 23, 1897

Fy anwyl 'ofnus' Annie,

Rhaid i mi gyfaddef fy mod yn hoffi eich 'ofn' yn fawr iawn.
Po fwyaf 'ofnus' fyddwch chwi wrth ysgrifenu, mwyaf hapus
fyddaf finne wrth ddarllen. Pennod *iawn* oedd y ddiweddaraf.
Yr oedd yr hiraeth am eich gweled yn cynyddu fwyfwy wrth
ei ddarllen ai fwynhau.

Nid ydwyf ond am anfon gair byr heno
1) i ddiolch i chwi am eich llythyr
2) i ofyn sut yr ydych
3) i ddyweud fy siomiant mawr, mawr na fedraf fyned
i Cowbridge
4) i ddyweud fy mod mewn prysurdeb eithriadol

Fe gofiwch i mi ddyweud mai peryglus oedd addaw bod o'r
Ty ar ddydd Llun. Edrychai pethau yn eithaf tawel ac addawol
tan ddydd Mercher diweddaf ac yr oeddwn wedi parattoi
pobpeth i fyned i Cowbridge ac i gael mwyniant ym Mro
Morgannwg. Ond trefnodd y Llywodraeth i gael y ddadl ar
adroddiad Pwyllgor South Africa ddydd Llun! Mae y blaid
Ryddfrydig yn rhanedig ar y pwnc . . .

Mae y penlin yn gwella ond nid ydyw y briw wedi cau eto.
Mae eisiau croen arno. Ond mae'r boen wedi myned ac nid oes
ond ychydig gloffni yn aros.

Byddaf yfory eto yn brysur iawn oddigerth am *drive* y mae
Mr. Hudson am fyned a mi gyda'i dad a'i chwaer. He insists
on my having a little fresh air so as to set me up during these
busy days.

Bum heno yn llywyddu yn y *complimentary dinner* i Tudor
Rhys a Maengwyn Davies. Yr oedd Gwenogfryn yno mewn
hwyl. Gwnaeth nifer o areithiau. Cawsom noson ddyddorol. Yr
oedd Llew, yn *obstreperous* iawn a cafodd y Llywydd waith i'w
gadw mewn trefn. Yr oedd John mewn yspryd gwych hefyd.
Yr wyf yn disgwyl gweled y Wladfa nawn Sul.

Esgusodwch y mymryn llythyr hwn. Yr oedd yn dri o'r gloch

54

pan eis i'm gwely neithiwr ac y mae yn ddau o'r gloch heno. Gobeithio eich bod chwi y pryd hyn yn cael hun dawel a breuddwydion melus.

Cofion serchog

Yr eiddoch, anwylaf Annie, yn hwyr ac yn fore

Tom.

Yr wyf yn hoffi pob ffurf o gyfarch genych chwi, ac ni ddywedaf pa un fydd gore genyf.

---

26. 'atebiad i'r Esgob' — bu T.E. a G. A. Edwards esgob Llanelwy yn dadlau cryn dipyn yn y wasg ar bwnc Datgysylltiad yr eglwys.

Census. Bu cyfrifiad ymhlith rhieni plant ysgolion Bwrdd Caerdydd, ac yr oedd 80% ohonynt o blaid i'w plant gael gwersi Cymraeg. (Gw. *Celt Llundain* 25 Gorff. 1897).

Miss Annie Davies, 20 North Parade

38 Ebury St.

Bore Sul

Gorph 25, 1897

Fy anwyl Annie,

Mae genyf ychydig hamdden bore heddyw, felly yr wyf yn anfon gair attoch chwi. Mae'n debyg eich bod y munudau hyn newydd ddod o'r capel, a gobeithio eich bod wedi cael moddion llawn o dawelwch ond llawn hefyd o ysbrydoliaeth. Yn y capel, fel rheol, y byddaf fi yn cael y cymhellion meddyliol cryfaf i fod yn weithgar tra mae hi yn ddydd a chyn i'r nos ddyfod.

Yr oedd eich hanes yn myned i Cwrtmawr, ymweliad y Parch J.J. a'i farn ar offerynau yn yr addoliad, a'ch arosiad yn yr hen gartref yn ddyddorol iawn. Yr wyf yn sicr i Winnie fwynhau ei hun yn iawn.

Buaswn yn leicio yn fawr gweled y *photograph* gymerwyd yn Clarach. Yr wyf yn anfon i chwi nifer o *snapshots* er mwyn i chwi edrych drostynt. Nid ydynt yn ddyddorol iawn oherwydd, fel y mae'r gwaethaf, methiant oedd darlun y *lemon squash!*

Gresyn, onite? Mae rhai o'r *snapshots* wedi eu cymeryd y diwrnod yr aeth Jennie, Winnie, John Davies a minne am ein *bicycle ride*, ac eraill fel y gwelwch wedi eu cymeryd ddiwrnod y Jiwbili.

Buaswn yn rhoi llawer am fod yn bresenol yn Pwyllgor y Merched yn enwedig i glywed araith danbaid yr 'hen ferch'!! Peth da iawn ydyw twymmo wrth siarad. Yr ydych y pryd hyny yn debyg o ddyweud yr hyn ydych yn ei feddwl mewn gwirionedd ac yn debyg hefyd o ddyweud hyn yn effeithiol . . .

Cefais ddiwrnod hefryd ddoe. Yn y bore daeth fy ysgrifenydd yma i gymeryd mewn llaw fer fy atebiad i'r Esgob. Yr oeddwn mewn cryn frys oherwydd yr oedd Mr. Hudson wedi dyweud y buasai yma erbyn 11.15 i'm cymeryd am *drive*. Felly mae arnaf ofn nad ydyw yn effeithiol. Cawsom *drive* gampus dros bont Putney, trwy Richmond Park ac i'r *Sheen House Club*. Yr oedd yn boeth *arswydus* ond yr oedd cael dwy awr dan y coed yn y cysgod ar ol *lunch* yn ddyddorol iawn. Yr oedd ei chwaer a'i dad a Dorothy gyda ni . . .

Llew fel y finne yn llawenhau yn ddirfawr oherwydd *census* llwyddianus ynghylch yr iaith Gymraeg yng Nghaerdydd. A welsoch chwi y *Celt* yr wythnos hon?

Yr wyf yn awr yn myned allan i lunch at Palmers (gwneuthurwyr y *biscuits*) ac yna am de i 59.

Cofion cariadus, fwyaf Annie

Yr eiddoch yn ffyddlon

Eliseg.

---

27. Cyhoeddwyd dyweddïad Annie a T.E. yn y papurau ar 17 Awst. O ddarllen am y rhialtwch yng Nglan Sawdde y bore hwnnw, mae'n bur debyg i Annie deimlo'n falch nad aethai yno.

Sgrifennodd T.E. at ei chwaer Winnie ar 16 Awst: '. . . *I know that you are very glad that Annie and I are engaged. I did not speak to you about it the other day because I wanted to tell Mother first . . .*'

Yn yr amlen mae'r penillion a ganlyn yn llawysgrifen Lloyd George.

Wele linellau a gafwyd heddyw'r boreu yn ystafell Thomas E.
Ellis, Aelod Seneddol, yn Glansawdde, Llangadog, wedi eu
copio heb yn wybod i'r awdwr, gan Llwyd o Eifion a Llwydfryn
o Ystrad Tywi.

i

Tyner ydyw heulwen gwanwyn
Pan fo meillion ar y corslwyn,
Mil mwy tyner i fy nghalon
Ydyw heulwen gwedd fy manon.

ii

Tanbaid ydyw tes Gorphenaf
Pan adfeda'r gwyn gynhaeaf,
Mwy tanbeidiol, Annie dirion,
Ydyw Cynlas, serch fy nghalon.

iii

Addfed ydyw ffrwythau'r Hydref
Pan y daw'r cynhaeaf adref.
Ond addfetach fil o weithiau
Ydyw'n cariad atat tithau.

iv

Pur yw gwynder eira'r Gauaf
Pan ddisgyno'r gawod gyntaf,
Milwaith purach yw y neges
Heda atat o fy mynwes.

v

Gwyn yw'r eira ar Eryri
Gwyn yw arlliw bron y lili,
Gwynach oll na'r gwynder tirion
Ydyw gwynfyd serch fy manon.

vi

Trwm yw calon flin yr alltud
Pan fo 'mhell o dir ei febyd,
Trymach heddyw'n Nyffryn Tywi
Ydyw Cynlas heb ei Annie.

vii

Melus i fy min yw'r melon
Pan mewn siwgr i'r ymylon,
Mil fwy melus min fy meinwen
Pan roes gusan i selio'r fargen.

viii

Canodd beirddion gyda Dafydd
Am eu Dyddgu neu eu Morfydd,
Ond hawddgarach im er hynny
Ydyw enw syml Annie.

ix

Hardd yw'r haul yn lloni'r llynoedd,
Goleu'r hwyr ar frig mynyddoedd,
Harddach fyth yw gwedd fy Morfydd
Pan fo gwen yn lloni'i dwyrudd.

x

Tlysni gauaf enyn ganig
Pan orsedda ar ael Arenig,
Tlysach fyrdd yw'th wyneb telaid
Pan orsedda yn fy enaid.

xi

Tomos ydoedd enw'th gaethwas
— Cyn i'r beirdd ei alw'n Gynlas —
Ond ni fydd yn anghredadyn
Tra bo angel yn ei dderbyn.

xii

Nansi Felus yw yr enw
Mae'th gyfeillion yn dy alw,
Tor dy ben, fy Nansi Felus
A bydd am byth yn Nansi Ellis.

Cynlas a'i cant.

Cyhoeddwyd y chwe phennill cyntaf a'r nawfed gan W. Llewelyn Williams mewn ysgrif ar Tom Ellis, *The Makers of Modern Wales*, yn *Wales*, May 1913, 17. Dywed mai Lloyd George ac yntau a'u cyfansoddodd, '. . . *the only extant specimens of the cymric muse of a British Cabinet Minister.*'

Miss Annie Davies, 20 North Parade

Glan Sawdde
Llangadoc
Dydd Mawrth
Awst 17, 1897

Fy Anwylaf Annie,

Yn wir nis gwn beth iw ysgrifenu attoch y tro hwn. Mae'm calon yn rhy lawn, a hwyrach mai distawrwydd fedr roddi fwyaf o ddadganiad i'm teimladau, fel y bu aml dro yn ystod y misoedd ac yn enwedig y dyddiau diweddaf. A hyd yn oed pe buaswn yn medru yn rhwydd ysgrifenu yr hyn wyf yn deimlo, nid mater bychan ydyw ysgrifenu llythyr yn y ty hwn heddyw. Mrs. Freeman, Mrs. Llew Williams, Lloyd George a Llew sydd yma. Nid ydynt, yn wir, ond pedwar, ond er y munud y daeth y papurau i mewn bore heddyw amser brecwast, y mae yma drwst ac *excitement* a hwyl fel pe buasai yma nid pedwar, ond pedwar ugain o bobl ieuanc. Maent wedi bod wrthi trwy y bore yn cyfansoddi telegrams ac englynion a phenillion a quips a cranks. Y funud hon maent wedi mynd i'r Post Office a'r nefoedd yn unig wyr beth, yn eu afiaeth, y maent yn ei anfon attoch. Byddant yn ol yn union a bydd yma adnewyddiad nerthol o'u hwyl.

Yr oedd George i fyned yn ol i Lunden heddyw ond er mwyn dathlu yr amgylchiad y mae am aros heno. Awn y prynhawn i Talley . . . ac er fod gweddillion yr Abbey yno a chartref William Lewis ac ogofeydd Rhufeinig a llawer o bethau eraill dyddorol yno, eto chwychwi, mae'n sicr fydd testyn eu hymddiddan a hwyl, a waeth un gair na chant, chwychwi fydd testyn fy myfyrdodau inne. Ag i mi ddyweud fy mhrofiad ein hymgom nos Sul sydd wedi aros fwyaf ar fy meddwl. Caf ddywedyd wrthych cyn bo hir mor anwyl a chysegredig ydyw

59

yr adgof genyf am danoch ac am yr hyn a ddywedasoch y noson hono.

Teithiais yn unig a thawel ar ol colli y golwg olaf arnoch ddoe . . .

Trwy drugaredd medrais gael y trên i Langadog . . . ac yno wele hwynt mewn *dogcarts* yn fy aros i fyned i Lansadwrn. Ar ol tê yn yr *inn* aethum ymlaen a chawson gyfarfod mawr iawn a llwyddianus. Yr oedd y pentref yn llawn o *flags* a *vehicles*. Yr oeddynt yno o bellder o 15 milldir. Capel mawr yn llawn a Llew, George a minne yn y pulpud!!! Yr oedd yn hawdd gweled fod y gynulleidfa wrth ei bodd. Ond ar lawer ystyr araeth y Parch. William Davies, Llandilo wrth gynnyg diolchgarwch i mi oedd y mwyaf *powerful* o'r cwbl. Dywedodd wrthym faint ein gwaith, ein dylanwad a'n cyfrifoldeb. Difrifolodd fi yn fawr.

Ond heddyw yr ydym yn anghofio *politics*. Ni ddywedaf air yn ychwaneg ond gyda chofion a chariad a chusan dywedaf BORE DA, FY ANWYL ANWYL ANNIE oddiwrth yr eiddoch dros byth.

Tom

---

28. Yr oedd T.E. yn Amwythig mewn cyfarfod o Urdd y Graddedigion.

Pennill x yw'r un diwygiedig, ac fel hyn y mae:

Tlysni'r lloer a enyn ganig
Pan orsedda ar ael Arenig,
Tlysach fyrdd yw'th wyneb telaid
Pan dywyna ar fy enaid.

Miss Annie Davies, 20 North Parade

Raven Hotel
Shrewsbury

Nawn Mercher
Awst 18, 1897

Fy anwylaf Annie,

Yr oedd yn dda iawn iawn genyf gael eich llythyr bore heddyw. Dywedodd John wrthyf eich bod wedi cael diwrnod pleserus ddoe. Dyna fuaswn i yn ei ddisgwyl — gan mai i fro anwyl Meirionydd yr aethoch!

Nid oes genyf ond munud i anfon hwn cyn cychwyn i'r Bala. Cawsom hwyl mawr ddoe. Ar ol i mi ysgrifenu fy llythyr darganfyddais beth fu George a Llew yn ei wneud trwy'r bore. Darllenwyd y penillion ar ginio. Wrth ddyfod o Talley y prydnawn canwyd hwy gyda hwyl anarferol ar 'Hob y Deri Dando' ac ar ol swper wedi dod adre canwyd hwy drachefn ar 'Nos Galan'!!

Mae George wedi gofyn i mi anfon i chwi yr amgauedig fel *revised version* o un o'r penillion . . .

Gwelwch oddiwrth y papurau fod dymuniadau da yn cael eu rhoddi i ni. A welsoch chwi y *Daily Chronicle* am heddyw?

Gresyn na fuasech wedi dod i'r Guild heddyw. Buasech yn cael derbyniad serchog iawn.

Cofion cariadus fil a chusan

Yr eiddoch, fy anwylaf, byth bythol

Tom.

---

29. Nid yw llythyr Annie at fam T.E. wedi'i gadw.

Miss Annie Davies

[*Llythyr wedi ei gyfeirio i 20 North Parade, ac wedi ei ailgyfeirio i Cwrtmawr*]

Awst 19, 1897

Cynlas
Corwen

Fy anwylaf Annie,

Yr wyf yn cychwyn i'r CYFARFOD MISOL fel nad oes genyf heddyw amser ond i anfon gair bach, bach i ddiolch am eich llythyr melus ac am y ddau gusan. Diolch hefyd am eich llythyr tyner at mam. Buom ein dau yn wylo'n hidl bore heddyw gyda'n gilydd.

Nid wyf am ddechreu ysgrifenu ynghylch y materion a enwch

yn eich llythyr na dyweud dim o'm profiad fy hunan. Gobeithiaf anfon gair yfory [*wedi ei ychwanegu uwchben y ddalen, a'i flotio fel petai wedi ei ysgrifennu ar ôl gorffen y llythyr*] Yr wyf yn anfon rhyw ychydig o'r llythyrau sy'n dod er mwyn i chwi weled y teimladau da sydd yn cael eu dadgan ar eich rhan chwi a minne. Cofion a chusan cariadus i'm hanwylaf Annie.

Fyth yr eiddoch

Tom.

[*Mae sypyn o ddail mân, crin, ymhlyg yn y llythyr hwn.*]

---

30. Yr oedd T.E. am dreulio rhan o'r gwyliau gydag Arthur Acland a'i deulu yn Westholme, Scarborough.

    Y fodrwy ddyweddïo oedd yn rhy fechan.

    Y Parch John Roberts (1842-1908) cenhadwr a fu'n llywydd Cymanfa Gyffredinol y M.C. y flwyddyn honno.

    Yr oedd Mr Robson, Q.C. yn A.S. dros South Shields, ac wedi rhentu Bronwydd gan Syr Marteine Lloyd.

    Marian, merch y Prifathro T.C. Edwards a oedd yn priodi â David Treborth Jones.

Miss Annie Davies, Cwrt Mawr, Llangeitho

Cynlas

Corwen

Nawn Gwener

Awst 20, 1897

Fy hawddgaraf Annie,

Pe buasai bore yn dod heb i mi gael gair oddiwrthych, 'rwy'n credu y buaswn yn ddi-gysur ac anhapus trwy y dydd. Yr oedd llythyr hir ddoe yn felus ac yr oedd llythyr byr heddyw yn felus iawn hefyd. Diolch fyrdd i chwi, calon, am danynt ac am ddwyn goleuni newydd a daioni newydd i'm bywyd. Nid oes genyf ond disgwyl eich bod chwi mor hapus ac yr ydwyf fi.

    Yr ydwyf wedi ysgrifenu heddyw ryw 30 o lythyrau a meddwl am danoch chwi yr oeddwn wrth ysgrifenu bob un . . .

    Mae yr adgofion am Cwrt Mawr a mannau lawer o'i ddeutu

yn myned fwyfwy melus i mi bob dydd . . . af i Scarborough ddydd Llun. Fy nghyfeiriad o'r diwrnod hwnw fydd

Westholme

Scarborough.

Gyda golwg ar y fodrwy, yr wyf yn credu mai y peth gore fyddai i chwi ei anfon yn y *case* bychan mewn *registered envelope* i'r

The Manager

The Goldsmiths and Silversmiths Co.

112 Regent St.

London W.

gan ddyweud eich bod wedi ei hanfon ar fy nghais i, ei bod braidd yn rhy fach, am iddynt ei gwneud ychydig yn fwy, a'i hanfon yn ôl. Yr ydwyf finne yn ysgrifenu atynt i'r un perwyl . . .

Bum yn y Cyfarfod Misol ddoe yn Llandderfel. Cefais longyfarchiadau lawer yn enwedig oddiwrth y Parch Edward Williams, Cynwyd, y gweinidog hynaf yn y Gogledd . . .

Cawsom araith gampus gan Mr. John Roberts y cenadwr ar y Ddaeargryn yn Cassia a phregeth fwy ardderchog fyth ganddo ar 'Rhoddwch eich cyrph yn aberth byw, sanctaidd, cymeradwy gan Dduw, yr hyn ydyw eich rhesymol wasanaeth chwi'. It was a most powerful, searching sermon . . .

Gwelwch fod Mrs. Robson yn eich gwahodd i Bronwydd, ac yr wyf yn gobeithio *yn fawr* y derbyniwch y gwahoddiad. Mae yn debyg y bydd Lloyd George yno hefyd. Pe deuwch chwithau hefyd byddai yno ddigon i gael Eisteddfod. Bu Mr. Robson yn llywyddu Eisteddfod yn rhywle echdoe.

Mae Mr. a Mrs. Robson yn bobl garedig iawn ac yr wyf yn sicr y buasech yn cael mwyniant yno. *Felly, os oes modd, deuwch.*

A ydych am ddod i weld priodas Marian? Os ydych 'rwy'n lled gredu y caech letty o fewn tair milldir i dref y Bala . . .

Cofion melus a chusan cariad attoch, ANWYL, ANWYLAF ANNIE

Yr eiddoch oll yn oll

Tom.

---

31. Ar 20 Awst sgrifennodd T.E. at gyfaill a anfonodd ato i'w longyfarch; mae'n dweud am Annie, *'She is carved out of the characteristic life of Wales, sprung from a family intimately associated with the revival of the religious and natural life of Wales, born and bred in the parish where the great Daniel Rowland of Llangeitho began his great work of re-kindling the moral life of Wales. We shall be married in his chapel . . .'*

Teimlai fod angen egluro i'r Sais mai yn Gymraeg y siaradent â'i gilydd, *'we have done our courtship in Welsh . . .'*

Mae'n ymddangos iddynt gytuno ar y dechrau mai yn y capel yn Llangeitho y byddai'r briodas.

Miss Annie Davies, Cwrtmawr, Llangeitho

Dydd Sadwrn
Awst 21, 1897

Cynlas
Corwen

Fy meinwen lân,

Trist ydwyf am na ddaeth gair heddyw er y gwyddwn nad oedd bosibl i un ddod oherwydd eich symudiad i Cwrt Mawr. Gobeithio eich bod yn hapus a siriol ac iach . . . Mae fy meddwl beunydd yn crwydro attoch ac yr wyf yn eich gweled yn symud o fan i fan, a bron na ddychymygwn yr *expression* sydd ar eich gwyneb hawddgar. Cofiwch fi yn gynes at y mannau lle buom yn cael ymddiddan a chymundeb melus, melus . . .

Yr wyf yn awr yn meddwl myned i Bryn Tegid i gael tê gyda Mr. Billson M.P. a'i deulu. Buont yma yn fy llongyfarch y dydd o'r blaen. Ceisiaf fyned ar y *bicycle*, er ei bod braidd yn wyntog.

Yr wyf yn anfon *selection* o lythyrau heddyw. Prydnawn da, ANWYLAF ANNIE, Sul hapus i chwi a bendith y Nefoedd arnoch.

Gyda chofion cynes a chusan cariad

Yr eiddoch fyth yn ffyddlon

Tom.

---

32. Yn yr Epistol at y Rhufeiniaid, pennod viii, sonnir am 'rodio nid yn ôl y cnawd eithr yn ôl yr ysbryd'.

Dick Jones, sef Richard Jones, Pertheirin, Caersws, cyd-letywr i T.E. yng Ngholeg Aberystwyth.

Yr oedd Edmund Wynne Parry yn Athro yng Ngholeg y Bala ac yn gyd-fyfyriwr â T.E. yn Aberystwyth a Rhydychen. Priododd ag Eliza Roberts, cyfnither i Annie a sgrifennodd Gofiant D. C. Davies, ewythr Annie.

Mrs Rhys. Gwraig y Prifathro John Rhys.

Miss Annie Davies, 20 North Parade

Cynlas
Corwen
Nos Sul, Awst 22, 1897

Fy anwylyd,

Ar ol meddwl cymaint am danoch trwy y dydd nis gallaf fyned i gysgu heb anfon gair i'ch cyfarch. Mae arnaf hiraeth am danoch ac, yn wir, nis gwn sut i fyw y pythefnos nesa heb weled eich gwedd nac edrych ar eich tegwch.

Tawel ydyw fy mywyd yma. Yr oedd yn fwyniant i mi gael llamu at fy Rover prydnawn Sadwrn (y tro cyntaf arno er y ddamwain). Pasiais fel mwg trwy dre'r Bala a buan yr oeddwn yn Bryn Tegid lle cefais groesaw mawr gan Billson a'i deulu. Bum yn cael tê yno ac yn ateb aml i gwestiwn yn eich cylch. Mae genyf ryw oleuni gwan sy'n tueddu fy meddwl i gredu y caf y cyfleusdra o'ch arwain yno ym Medi.

Yr oeddwn yn ol yn Cefnddwysarn cyn 6.0 er mwyn rhoddi *bundle* anferth o lythyrau i'r *postman*. Wedi hynny eis i Ty Hên i gael barn fy hen gyfaill John Davies ar y 'newydd yn y papurau'. Bum yno am rai oriau a chefais hwyl ardderchog . . .

Cefais Sul hyfryd — ond unig, unig o'i gydmaru a'r Sul wythnos i heddyw. Ysgol y bore, yn athraw (Psalm ix) a gorfod i mi holi yr ysgol. Pregeth dda gan Mr. Tudno Williams B.A. yn y prydnawn, a heno gofynwyd i mi ddechreu'r cyfarfod gweddi. Y benod ddarllenais oedd Ioan xi. Wedi swper ac ymgom aethant oll i'w gwelyau gan fy ngadael i i ddarllen ac ysgrifenu ac yn awr yr wyf yn myned i ddarllen Rhufeiniaid viii gan wybod eich bod chwithau yn ei darllen bron y munudau hyn . . .

Ysgrifena dau hen gyd-ysgolorion o sir Drefaldwyn, y Chief Constable a Dick Jones Pertheirin. Dywed yr olaf 'You have captured one of the very best prizes.' Digon gwir, meddaf finne; the *very best* prize.

Mae yma dristwch cyffredinol ynghylch Wynne Parry. Newyddion drwg gawsom neithiwr. Yr ydym yn ofni y gwaethaf.

Cychwynaf yfory 11.10 a disgwyliaf gyrhaedd Scarborough 6.55.

Nos da, FY ANNIE ANWYL, ANWYL

Gyda chariad a chusan

Yr eiddoch yn fwyfwy bob awr

Tom.

[*Dros y ddalen. Yr un llythyr*]

Bore Llun
Yn y Tren

Fy Nancy,

Sut y medraf ddiolch am eich llythyr — y gore o'r goreuon. Mae rhyw gynesrwydd dwys ac anwyl ym mhob llinell o hono sydd yn lloni fy nghalon ac yn ei llenwi a diolchgarwch ac a chariad dyfnach attoch nag erioed.

Yr wyf yn cael pleser wrth sefyll uwchben pob gair o'ch hanes yn Cwrtmawr, ac O! mor ddiolchgar ydwyf am i chwi ddyweud eich profiad yn rhydd, am roddi dadganiad i wir deimladau eich calon pa un bynag ai llawen ai hiraethlawn ai pryderus ydynt. Ac mor dda genyf fod fy nau nodyn a gawsoch ddydd Sadwrn wedi rhoddi rhyw adnewyddiad yspryd i chwi.

Yr oeddwn yn rhyw deimlo y buasech yn ymweled a rhai o'r llidiardau lle cawsom y fath funudau bendigedig, a gobeithio y cawn cyn bo hir iawn yr hyfrydwch o gerdded oddeutu'r *banc* eto law yn llaw a chalon wrth galon . . .

Gyda golwg ar Bronwydd cymerwch gynghor eich Mam. *Da iawn* fyddai genyf i chwi ddod yno pe ond am ychydig. Mae Mrs. Robson yn neillduol o *nice*, ac yr wyf wedi bod yn gyfeillgar iawn gyda hi a Mr. Robson er ys 8 neu 9 mlynedd.

66

Wrth gwrs ni fyddai ymweliad o ychydig ddyddiau yn Bronwydd yn unrhyw esgus dros i chwi beidio dod i Feirionydd i weled a ydyw yr *improvements* yn stryt fawr y Bala wrth eich bodd.

Yr wyf yn amgau dau o'r llythyrau ddaethant heddyw, un oddiwrth Mrs. Rhys ac un oddiwrth Mrs. Kearley . . .

Tra yr ydych chwi yn *entertainio* un Esgob, yr ydwyf finne yn pwyo un arall. Bydd genyf air yn y *Guardian* yfory eto.

Yr wyf yn nesau at Gaer ac yn ceisio dychmygu gweled llances ieuanc lednais lân yma yn yr ysgol yn fywiog ac yn llon heb feddwl fawr am yr hapusrwydd fuasai yn ei roddi ryw ddydd i bererin gwael ei wedd.

Fel y dywed y Bardd:

Hardd yw'r haul yn llonni'r llynoedd
Goleuni'r hwyr ar frig mynyddoedd
Harddach fyth yw gwedd fy Morfydd
Pan fo gwên yn lloni'i dwyrudd.

Diolch eto am eich llythyr bore heddyw a diolch i chwi am bob peth, fy mherl.

Cariad a cusan eto,

Fyth, fyth

Tom.

---

33. Y gangen fechan: yr oedd blodau wedi'u hamgáu yn yr amlen

Miss Annie Davies (of Cwrtmawr), 59 Chancery Lane
[*Dim stamp*. Immediate *ar gornel yr amlen.*]

Westholme
Scarborough
Awst 24, 1897

Fy Anwylyd,

Mae genyf lawer y buaswn yn dymuno ei anfon attoch o brofiad, o hiraeth, o adgofion, o edmygedd, o hanes, ac o gynlluniau.

Ond ni wnaf heno ond anfon gair am yr hyn sydd wedi llenwi fy meddwl a lliwio'm teimladau trwy y dydd heddyw, sef diolch i chwi am fy ngwahodd at ddrws y cysegr sanctiddiolaf lle buoch nos Sul, a diolch i chwi am anfon i mi y gangen fechan fel arwydd o'ch dymuniad i mi uno, mor bell ag y gallaf, yn eich cymundeb chwi.

Nis gallaf beidio meddwl eto heddyw am eiriau Morgan Llwyd o Wynedd:

'Mae'r eneidiau sanctaidd, a hunasont yn Nuw,
yn llonydd yn y golau distaw, ymhob man o
flaen ei wyneb Ef.'

A throais hefyd at y dyfyniad roddodd Mrs. Acland yn ei llythyr:

'All sunshine and no rain is a poor and heartless thing — all glitter and dazzle with no rest. I wish you therefore enough of rain to make the rainbow — and enough of mist to make both morning and evening full of a resplendent glow.'

Cofion cynes, anwyl, diffuant at deulu bach Bethania, a chariad puraf fy nghalon at fy anwyl, anwyl Annie.

Yours for ever with love and reverence

Tom.

---

34. Trewythen, Llandinam, cartref ei chwaer Mary.

Miss Annie Davies, 20 North Parade

Westholme
Scarborough
Nos Fercher, Awst 25, 1897

My sweet Nancy,

Ydych chwi yn cofio y noson yr aethom yn gwmni diddan gyda'n gilydd i'r Court Theatre nos Sadwrn Chwef 13? Cefais y fraint o eistedd yn eich ymyl y noson hono ond fy nheimlad y pryd hwnw ydoedd eich bod yn bell, bell oddiwrthyf. Heno mae lled Lloegr a Chymru rhyngom ond yr wyf yn teimlo eich bod yn agos, agos attaf.

Mae y ddau lythyr *beautiful* a dderbyniais yr wythnos hon yn brawfion diymwad i mi eich bod yn agos attaf. Y mae hyny yn fy ngwneud yn hapus, hapus. Mae Mrs. Acland a minne yn cael llawer ymgom am danoch chwi, a phob tro y mae fy ysbryd yn adnewyddu ac yn gloewi wrth feddwl am danoch.

Diolch yn fawr iawn i chwi am anfon y llythyrau i mi i'w gweld. Iolo's is a grand letter. There is a splendid ring of large-hearted sincerity throughout it all. It gives one a glow of emotion as does dear Bobby Spencer's letter to me. Ac, yn wir, doniol iawn ydyw englynion J. E. Hughes. Mae ynddynt touches medrus, trawiadol iawn, a daliant eu cymharu a ffrwyth awen y ddau fardd clodwiw, Llwyd o Eifion a Llewelyn Wyn o Ddyfed. The others are very nice, hearty and cordial and it is a joy to me to feel that your friends rejoice in our union.

Yr wyf yn mwynhau fy arosiad yma yn fawr. Dydd Llun yn Manchester cyd-unodd Charles Rowley gyda mi a chawsom daith bleserus iawn i Scarborough. Gydag ef a Mr. Acland y cefais daith gyntaf i'r Cyfandir yn 1887 pan yr aethom i'r Tyrol. Dyn bychan o ran corpholaeth ydyw ond mawr o ran calon ac ysbryd a gwaith dros eraill. Wedi cyrhaedd yma oddeutu saith a chyfarch gwell i'n gilydd aethom i ginio. Cinio er anrhydedd i chwi ydoedd, ac yfwyd gyda brwdfrydedd mawr un llwncdestyn: 'Our Lady of Aberystwyth'.

Bore Iau

Dydd Mawrth buom i mewn y bore oherwydd ei bod yn gwlawio, ond daeth yr heulwen yn y prydnawn ac aethom oll gyda Maimie ar y *beach* pob un gyda'i raw. A golygfa dda oedd gweled Mr. Acland, Mr. Rowley, Mrs. Acland a'r un sydd (gwyn ei fyd) yn anwyl genych chwi — Mr. Rowley a minne yn llewys ein crysau — yn gweithio gymaint allem i adeiladu castell anferth yn ol cynllun a than gyfarwyddyd Maimie . . .

Trwy y dydd yr oeddwn yn meddwl am danoch ac yn gadael i'm meddwl orphwys yn ystyriol ar eich llythyr.

Ac wele! Heddyw eto neges fach felus i loni'n calon ac i sirioli'm hysbryd trwy y dydd. *Diolch. Diolch.* Diolch hefyd am anfon llythyr cynwysfawr Lewis Charles. Mae yn llygad ei le.

Yr wyf yn amgau ychydig lythyrau o'r rhai sydd yn dod yma . . .

Mr. Spender is the editor of the *Westminster Gazette*. Mrs.

Spender and I had a very merry talk at Mr. Moulton's dinner table on June 29 (perhaps you will remember the day). She told me that I ought to marry, that it would be so interesting, that she ought to be charming, etc., etc. I told her that I would take her command seriously to heart and we generally had a most enjoyable amount of chaff. She little dreamt that I should obey her behest so promptly. I have told Spender that I only wish for the sake of my wife that is to be that I deserved half the kind message which he enjoins me to convey to you.

Sir John and Lady Brunner sent me a most cordial telegram of congratulations from Hamburg. Mr. Jack Brunner the son sends me his good wishes. The concluding paragraph in his letter refers to a standing joke in the Brunner family that I had for a long time been paying court to a widow!! . . .

Mae'n siomiad i mi, wrth gwrs, na fedrwch ddod i Bronwydd ac yr wyf yn sicir bydd yn siomiant mawr i Mrs. a Mr. Robson, ond y mae genyf un cysur oddiwrth hyny. Bydd yn hawdd i chwi dreulio ychwaneg o gymaint a hyny o amser yn Meirionydd!

Ceisiaf fod yn Trewythen ddydd Llun Medi 6, ac os bydd yn braf a fyddai modd i ni gyfarfod yn rhywle ddydd Iau, y 9fed, ar ein *bicycles*? Oni fyddai hyny yn *jolly*? Pe yr awn i Bronwydd ddydd Gwener y 10fed buaswn yn troi yn ol ganol yr wythnos wedi hyny. Sut y byddwch erbyn hyny?

Cusan cariad i chwi, fy hawddgaraf Annie

Fyth yr eiddoch ymhell ac yn agos

Tom.

---

35. Syr George Osborne Morgan (1826-97) A.S. Rhyddfrydol dros Ddwyrain Dinbych, 1885-97. Cadeirydd y Blaid Seneddol Gymreig 1894-7.

Miss Annie Davies, 20 North Parade

Westholme
Scarborough

Nos Wener, August 27, 1897

Fy Anwylyd,

There runs through your letter, which to my great delight I received this morning, a strain of gentleness and tender joyousness which proves to me that you were happy when you wrote it. Ni wyddoch pa mor falch ydwyf wrth feddwl eich bod chwi yn hapus. Mae yn rhoddi ystyr ac amcan newydd i'm bodolaeth . . . a mor dda gennyf hefyd feddwl fod y fodrwy yn rhoddi mwyniant i chwi a'i bod fel enfys yn arwydd y cyfammod rhyngom. Ac ni wyddoch faint o grefydd bob dydd i mi ydyw cael llythyr oddiwrthoch.

Nid oes ond un peth wedi cymylu fy hapusrwydd heddyw sef clywed am farwolaeth Syr George Osborne Morgan. Nid oes ond wythnos er pan gefais lythyr oddiwrth Lady Morgan yn anfon ei longyfarchiadau ef a hithe ac yn dymuno i ni bob dedwyddwch a ffyniant. Ac erbyn heddyw wele yr hen ryfelwr wedi myned i orphwys. He was true-hearted, unselfish, young in spirit to the end. Gosododd ei wyneb ar y goleuni yng Nghymru ac ni edrychodd yn ol. Ceisiodd yn ddewr ac yn ddyfal fyned ar gwys i'r pen. Rywfodd nid oeddwn yn teimlo yn anhawdd ysgrifenu at Lady Morgan bore heddyw oherwydd yr oedd ei gwr wedi ymdrechu ymdrech deg dros Gymru, dros ryddid cydwybod, dros achosion da sy'n codi'r ddynoliaeth.

Y mae fy meddwl am danoch chwi a'r hyn oll yr ydych yn awr i mi wedi bod trwy y dydd yn cydweu a'm meddyliau am yrfa a gwaith a choffadwriaeth un fu yn gyfaill, yn gydweithiwr ac yn arweinydd i mi.

The problem as to who will succeed him in East Denbigh-shire is a serious one and one that will give me much anxiety and trouble. I wrote over a dozen letters about it this morning . . .

Mae genyf lawer iawn o bethau eisieu ymgomio a chwi am oriau lawer yn eu cylch ac yr wyf yn *hiraethu* am eich gweled.

Ond heddyw, nis gallaf ond dymuno prydnawn da ac anfon fy nghariad a chusan.

Fyth yr eiddoch, my lovely Nancy,

Tom.

---

36. Mary Martin-Leake. gw. *Ellis Jones Griffith*, T. I. Ellis 1969, 157-161.

John E. Ellis A.S. dros Rushcliffe, swydd Nottingham. Cyfeiria Guili Willis ato yn ei llythyr at T. I. Ellis 1944: '. . . *you can't guess how warmly the Liberal Quaker folk, Joshua Rowntree, Edward Ellis and their wives spoke of the young Whip and his bride.*'

Miss Annie Davies, 20 North Parade

Westholme
Scarborough

Yn hwyr nos Wener
Awst 27, 1897

[*Mewn pensel uwchben y cyfeiriad: 'Mr. Rowley's letter will be sent tomorrow. Tom.'*]

Fy anwylaf Annie,

Mae Mr. Acland, Mr. Rowley a minne newydd ddychwelyd o gael tro ac ymgom ar y rhodfa sydd uwchlaw'r mor, ac yr oeddwn yn meddwl a allech chwi, tybed, fod ar y Terrace oddeutu'r un amser yn gwrando ar doriad y tonnau ar y traeth ac yn gwylio y sêr.

Yr wyf mor hoff o anfon gair fel hyn i'ch cyfarch fel yr eisteddais i lawr cyn myned i orphwys i ysgrifenu ychydig er nad oes genyf heno ddim hanes na newydd na dim profiad gwerth ei ddyweud.

Cefais nodyn heno o 'Llanbedrog, Pwllheli, Gwlad y Sassiwn' ac ynddo ymysg pethau nodweddiadol eraill yr hyn a ganlyn:

Don't work too hard and do not write many letters except to your beloved and delightful Miss Longshanks. Cofiwch fi atti'n fawr, a bendith y nefoedd arnochi'ch dou.

Ydwyf y'ch cyd-fethodist

Gwenogfryn.'

Gwelwch fy mod yn anfon ei neges verbatim.

Yr ydwyf yn bwriadu myned i weled y MSS yn Peniarth ddydd Llun Medi 6 tan ei arweiniad ef. Gwynfyd na fuasech gyda mi.

Yr ydwyf yn anfon hefyd dri llythyr i chwi edrych drostynt . . .

Un arall oddiwrth Miss Martin-Leake. Nis gwn a glywsoch am dani mewn cysylltiad ac Ellis Griffith. Os na chlywsoch, dywedaf ei hanes rhyfedd wrthych pan y daw yr amser hyfryd i ni gael ymddiddan ynghylch llawer o bethau.

Y trydydd ydyw oddiwrth Mr. Herbert Lewis. Gwelwch ei fod yn credu yn Rhagluniaeth mor gryf a 'llances fach o'r wlad' ydwyf yn dechre'i hadnabod.

Bore Sadwrn

Wele fore heb air oddiwrth fy anwylyd — ac wele dristwch. Ond yr wyf yn sicr fod rhyw reswm da paham na ddaeth gair. Felly ymaith a phob teimlad o siomiant. Mae eich darlun beunydd o'm blaen ar fy nesc yn fy ystafell, ac y mae y cyfuniad o fwynder a dwysder bob amser yn falm, fel y mae hefyd yn ysbrydoliaeth, i mi.

Mae post bore heddyw wedi dod ac ychwaneg o lythyrau i'w hanfon attoch, ond cyn dyweud gair yn eu cylch rhaid i mi anfon esboniad byr ar y llythyr amgauedig oddiwrth Rowley. Mae'n debyg mai dyma'r llythyr rhyfeddaf o'r holl lythyrau gawsoch erioed! Rowley is a man of about 55 who keeps within him in all its brightness the spirit of a child. He has travelled Europe and America, he has been the intimate friend of William Morris, of Watts, Ford Madox Brown, the Rossettis, Walter Crone, and a host of distinguished men and women, he is one of the leading social workers in Manchester and is greatly respected by its best citizens, and yet he remains in the best sense a true child. Mr. Acland, he, and I treat one another much as John, Lily and

Walter treat one another when in their most frivolous, romping mood.

This morning the little man — for he is hardly five feet — came down from his room with the merriest twinkle in his eye. 'There' he said, pointing to the letter, 'I've written to *her*! . . .

And now, is not this letter from Lord Rendel charming? It breathes of a fine and noble spirit, does it not? You see what a handsome wedding gift he is making. I leave confidently the responsibility of the choice upon you . . .

The letter written from Wrea Head and signed 'John' is from my namesake John E. Ellis M.P. who little knows that I am staying within 2 or 3 miles of his house. He has often been very kind to me. He and all his family are leading Quakers . . .

Prydnawn Sadwrn

Diwrnod tawel, hyfryd arall wedi ei dreulio.

Gobeithio y cewch Sul hyfryd yfory, llawn o brofiad, llawn o fendith.

Good night, my love, my Queen

Your true and faithful

Tom.

---

37. Tassie Hartley. Mewn llythyr ym mis Medi 1885 dywed Mary, chwaer T.E., amdani '. . . *a Miss Hartley from Amlwch, second cousin of ours whom we had never known before* . . .' Yn nes ymlaen treuliai lawer iawn o amser yng Nghynlas.

Erthygl O. M. Edwards, yn *Cymru'r Plant*, Ebrill 1897 td. 108-9.

Miss Annie Davies, 20 North Parade

[*Ar ymyl y ddalen: 'Diolch yn fawr iawn am y* Celt. *A wnewch chwi adael i mi gael golwg ar yr* Echo?]

Westholme
Scarborough

Dydd Sul, Awst 29, 1897

Fy anwyl, anwyl Annie,

Nid wyf am ysgrifenu llythyr heddyw, nid am nad oes genyf gryn lawer i'w anfon attoch, ond am fod eich llythyr bore heddyw a'r hyn oll sydd ynddo a thrwyddo yn gwneud y diwrnod i mi yn ddydd, mewn ystyr arbenig, o orphwys, o ddiolch, ac o weddi.

Mae'n dda genyf eich bod wedi mwynhau llythyr Tassie Hartley. Cefais lythyr oddi wrthi bore heddyw yn dyweud ei bod wedi ysgrifenu attoch ar ran mam, ond ei bod yn anfoddlon iawn ar y llythyr, nad ydoedd wedi medru dyweud meddwl mam, a llawer o bethau eraill. Fe wyr Tassie nad ysgrifenu llythyrau ydyw ei phrif rinwedd ond yr wyf yn sicr fod yr hyn a anfonodd yn hollol *sincere*. Fe ddowch i Gynlas, anwylyd, oni ddowch? A allasech ddod oddeutu'r 16eg neu'r 17eg o Fedi?

Mae'n dda genyf feddwl fod yr amser y caf eich gweled wyneb yn wyneb eto yn agoshau. Arosaf am dano, fel am bob bendith gwerth ei chael, mor amyneddgar a thawel ag y gallaf. But I must make this confession. I could not have let these many and long days pass one after another without my seeing you except for two reasons. One is that I am staying with such old, valued and attached friends as Mr. and Mrs. Acland who take a loving interest in you and me, and in some strange, spiritual way I seem to be living my life in your presence when I enter into the joys and sympathies of their family life. The other reason is that I accept the opportunity to discipline myself to be as little selfish as I can in my love to you. I should like my love for you to grow even deeper, ever stronger, ever purer.

Darllenais inne erthygl O. M. Edwards. Yr oedd yn caru Ab Owen yn fawr, onid oedd? Yr wyf yn cyduno a chwi yn y gobaith y daw goleu iddo eto . . .

Mae arnaf ofn eich bod yn methu deall un peth yn y llythyr anfonais ddoe, sef y cyfeiriad at lythyr Mr. Rowley. Gwelodd Mr. Acland ef a daeth ataf amser y *post* i ddyweud nad oedd yn caniatau i'r fath lythyr fyned attoch heb rhyw *revision* o hono ganddo ef. Felly ni chawn ei anfon! . . .

Mae yma lawer o bethau yn eich llythyr y buaswn yn dymuno ysgrifenu llythyr hir iawn ar bob un o honynt. Ond cawn ymgom a hamdden, 'rwy'n gobeithio, i ymdrin a hwy gyda'n gilydd.

Yr oeddwn wedi bwriadu myned i gwrdd y Crynwyr bore heddyw, ond rywfodd arweiniwyd Mr. Acland a minne, gan ryw Yspryd 'rwy'n credu, i gael seiat brofiad faith a manwl tebyg i un gafodd Robert Hudson a minne un bore Sul yn Llunden. Bydd gan Mr. Acland gryn lawer i'w siarad gyda chwi pan wêl chwi, ac y mae yn gobeithio y caiff eich gweled yn ystod y gauaf.

Prydnawn da, fy angor, fy Nancy, *diolch calon* am eich llythyr, a chariad a chusan.

Yr eiddoch Sul a gwyl a gwaith

Tom

Nawn Sul
Ar ol tê

Wele lythyr Mr. Rowley ac 'official minute' y Vice-President of the Council arno!

---

38. Aeth y llythyr hwn yn gymysg â llythyrau cyffredinol at T.E. i'r casgliad yn Llyfrgell Genedlaethol Cymru. Rhif 2762 ydyw yng Nghasgliad T. E. Ellis.

Derbyniodd T.E. lun *carte de visite* o Annie yn eneth fach wedi'i dynnu yn stiwdio'r ffotograffydd E. R. Gyde, Aberystwyth yn 1879 pan oedd hi'n chwe blwydd oed. Mae'n eistedd ar gadair a'i thraed ar stôl; gwisga ffrog a chôt o'r un deunydd, a choler wen. Rhoes ei het dros ei phenglin, het wellt a rhuban llydan dros y corun. Gwisga esgidiau lastig. Ei gwallt wedi'i rannu yn y canol gyda rhesen wen, a golwg sobor ar ei hwyneb, o ganlyniad i orfod eistedd yn hir i gael tynnu ei llun.

Wrth ymateb i'r darlun mae T.E. yn cyfuno ei chwarae gyda Maimie Acland gyda'r eneth ddychmygol.

Miss Annie Davies, 59 Chancery Lane

Westholme, Scarborough

Bore Llun, Awst 30, 1897

My sweetly grave little child,

I am *so* delighted that you have come to see me here at Scarborough and I should like you to stay with me for ever.

Why do you look anxious? . . . Do you think that you will not become a tall, beautiful, a large-hearted, generous-souled woman? . . . Do you think that Wales whose child you are, will not think of you and spread sweet influences around you, and help to train you to respect yourself and to be strong? Would you not like to grow up to serve Wales and to help its children? Do you think that you will not meet one who will care for you and love you and try to make you happy? Why, my dear child, do you look anxious?

My sweet and bonnie Nancy

It was very kind of you to send the little girl-messenger with the quaint hat to me this morning . . .

Bore da, cariad, mae'r llances fach a minne yn myned am dro.

Yr eiddoch yn ddiolchgar a hapus

Tom.

---

39. Gwahoddwyd T.E. i Beniarth, Llanegryn gan W. W. E. Wynne i weld y casgliad gwerthfawr o lawysgrifau.
Seven lamps of architecture gan John Ruskin.

Miss Annie Davies, 20 North Parade

Westholme
Scarborough

Nos Lun, 11.0
Awst 30, 1897

Fwynaf Feluseg . . .

I am constantly thinking of the prospect and pleasure of our meeting on the Cardiganshire and Meirionethshire border on the 9th. My only fear is that my visit to Peniarth may put our meeting one day further off. I must have two whole days at Trewythen and if Mr. Wynne insists on my staying Monday night at Peniarth then a good part of Tuesday will be taken in reaching Trewythen. But I shall make every effort to leave so as to get to Trewythen on Monday night so that I may meet my love on Thursday. And where can we meet more fittingly than by Glandovey station where we parted after that happy and memorable day?

'Sweet memories crowd on me, and I go to rest in their midst.'
Nos da, fy anwylyd, nos da.

Diolch am eich nodyn ac am y dyfyniadau o'r newyddion — y tri yn rhai dyddorol iawn. Yr wyf yn amgau yr *envelope* er mwyn i chwi weled eich bod, trwy 'anfon cymaint o gariad ac y dymunaswn i dderbyn', wedi anfon mwy nag a fedrai yr *envelope* gynnwys! — ond cofiwch nid mwy nag yr wyf fi yn hiraethu beunydd am gael.

Please send word to Rowley to thank him for his letter, and for the information about me which had not reached you before and about which I had kept you in shameful ignorance and which you ought to have had during the last few weeks. Its value however has been seriously diminished by the severe and scathing revision of the Vice-President and that the only course is to await a personal interview when all the matters will be fully discussed, etc., etc.

Yr wyf ar gychwyn i York.

Nos Fawrth

Cawsom ddiwrnod dyddorol iawn. Daeth y llances fach gyda mi. Lled ddistaw oedd yn y Minster mawr ardderchog ond y mae eisioes yn teimlo dyddordeb mewn *architecture*. Mae arnaf flys rhoddi *Seven Lamps* Ruskin yn anrheg iddi ar ei *birthday* nesaf.

Gyda chariad a chusan

Yr eiddoch yn hiraethlawn

Tom.

---

40. *Dreams* gan Olive Schreiner, 1894. Yn ei lythyr at Robert Hudson ym mis Chwefror 1891 rhoes T.E. ddisgrifiad o Olive Schreiner: '*She is a delightful little body with a beautiful delicate face, full dark, thoughtful eyes. She is of a very nervous temprament and her little frame shakes with emotion when she talks or argues on subjects that interest her, and her interests are numerous. She is a very advanced Radical . . . when she launches out in talk about the poor, or the lot of children or the 'native question' or some speculation on life or death, her face glows . . . She has sometimes a hightened way of telling things which lead to seeming contradictions and paradoxes . . . She knew Amy Levy well . . .*'

Bardd addawol a fu farw'n ifanc oedd Amy Levy (1861-89).
Yn y flwyddyn 1884 penodwyd T.E. yn diwtor i feibion John Cory.
Yr oedd yn 25 oed ar y pryd.

Miss Annie Davies, 20 North Parade

Westholme
Scarborough
Nos Fercher yn hwyr
Medi 1, 1897

Fy anwyl Gariad,

Yr wyf yn anfon gair cyn myned i orphwyso. Un noson sydd
genyf eto gyda'r cyfeillion tra caredig hyn. Os caf fyw, cofiaf
yn hir am y dyddiau dreuliais yma, nid wrth gwrs gyda'r fath
fwyniant digwmwl ac wythnos fendigedig Cwrt Mawr, ond eto
gyda theimladau hyfryd iawn. Mae fy nghariad tuag attoch, fy
anwylaf Annie, wedi dyfnhau yn fawr. Yr wyf wedi meddwl
a myfyrio llawer ac nid ydyw unrhyw anhawsterau welaf draw
ond yn gwneud i mi agoshau yn fwy cynes a hyderus attoch.
Y mae eich llythyrau, sydd wedi dod bob bore oddigerth un,
wedi rhoddi pleser diderfyn i mi. Y mae rhywbeth melus a
neillduol ym mhob un, ond efallai mai yr un ysgrifenasoch
ddydd Sul ydyw yr un ydwyf yn werthfawrogi fwyaf o'r cwbl.
Ond yn wir yr wyf yn eu hoffi i gyd.

Mae'n dda iawn genyf eich bod yn hoff o 'Dreams'. Yr wyf
yn meddwl i mi ddyweud wrthoch hanes fy arosiad yn
Matjesfontein y pentref bychan lle yr ysgrifenwyd hwy, a'm
impressions o Olive Schreiner.

I am glad that you find time for reading. It was very fortunate
for me that I had, in my 25th year, ample leisure to read and
that I made a fair use of that leisure. That year was in many
respects the seedtime of my life. The books I read then have
influenced me much and have been a strength and an inspiration
for me. The resolves I made then have been beacon-lights to
me, and many of the opinions which I thought out then have
since found their way to many a mind and many a programme,
and some have found their way into Acts of Parliament. So I
bless my reading of books during that happy Maytime of life.

But I do not know why I should burden you with these reminiscences unless it is that I am getting accustomed to tell you most things as they occur to me.

Good night, my Love.

Dydd Iau.

Diolch am eich llythyr ddaeth bore heddyw er fod ynddo newyddion drwg. Yr oedd yn ofidus iawn genyf ddarllen am y cwymp. Yr wyf yn hyderu na chawsoch un briw ac na fydd effaith yr ysgydwad yn parhau. Da hefyd fod y *bicycle* yn fyw ac yn barod i waith. Rhoddais eich nodyn i Rowley. Yr oedd yn dda iawn, ond pan ddaeth at yr ymadrodd: 'very good of you to write but I hope you will spare me further', the poor little man was crushed and lay down flat. However he has recovered and is in his usual boisterous spirits again . . .

Yfory gadawaf yma am Wrexham, gan ddisgwyl cyrhaedd Cynlas nos yfory a threulio'r Sul yno. Bore Llun af i Beniarth ac oddiyno i Drewythen mor fuan ag y gallaf. Ymhellach yn yr wythnos yr ydwyf wedi fy ngwahodd i wledd.

Prydnawn Da, fy anwylaf Annie,

Cariad fy nghalon i chwi
byth
bythol

Tom.

---

41. Mae'n ymddangos fod Annie'n hwyrfrydig i dderbyn gwahoddiadau i aros yn nhai cyfeillion T.E.

[*Dim amlen*]

Westholme
Scarborough

Nos Iau, Medi 2, 1897

Fy anwylaf Nancy,

Noson cyn ffarwelio a chyfeillion ydyw hon, ac, fel arfer, trist a gwangalon wyf. Ond yr wyf un noson yn agosach i weled gwedd fy anwylyd — ac nid yn aml mae cymaint o gysur a hyny i'w gael wrth ffarwelio.

Mae Mrs. Acland wedi gwneud i mi addaw dod a chwi i Scarborough yn ystod y gauaf, feallai ym mis Tachwedd. Yr wyf yn awyddus iawn am i chwi ddod oherwydd fe ddeuwch i adnabod un fydd yn gyfeilles bur i chwi ac fe gewch wybod llawer iawn o bethau defnyddiol iawn . . .

Byddaf yn trafaelio y rhan fwyaf o'm hamser yfory oddigerth rhyw ddwyawr ddiflas iawn yn ceisio cael trefn ar bethau yn Wrexham. Yr wyf felly yn ofni na chaf fawr o gyfleusdra i anfon na hanes na phrofiad na chariad i'm Brenhines but I shall be all day long and for ever her devoted & loyal subject.

Tom.

---

42. Yr oedd hi'n arferiad gan blant y Cwrt Mawr i dorri eu henwau ar risgl y coed yn yr ardd.

Miss Annie Davies, 20 North Parade
[Marc post Sept. 3]

Dydd Gwener — yn y Tren rhwng Leeds a Manchester.

Fy anwyl An Dafis,

Mae'n hawddach a hyfrydach dan yr amgylchiadau meddwl am danoch nag ysgrifenu attoch. Tybygaf eich gweled y munudau hyn (yn ymyl 12.0) yn symud yn ol a blaen yn Cwrtmawr i wneud y rhai bychain yn gysurus a chartrefol. Feallai hefyd eich bod yn cael amser i dalu ymweliad brysiog i fannau sy'n felus gennym feddwl am danynt. You may tell that hardened and heartless scoffer John from me that we simply laugh at his chaff of our daily interchange of profiad a chariad, and further that I shall harbour a grudge against him all his life if he has spoilt the seal of baptism under the lime tree!

Of course I shall admire your present because *I know* it will be nice and I shall love you more and more for thinking of giving it and for thinking so much what to give.

Yr wyf yn credu y cymer Rhagluniaeth ofal am ddydd Iau nesaf.

Bore da, cariad,

Fyth,

Y Disgwyliwr Distaw.

---

43. Yn Wrecsam y cyfarfu pwyllgor y Rhyddfrydwyr i ddewis ymgeisydd i olynu Syr George Osborne Morgan.
    Lady Dilke, gwraig Sir Charles Dilke A.S. Rhyddfrydol dros Forest of Dean 1892-1911. Benson Standard Lamp a ddewiswyd.

Miss Annie Davies, 20 North Parade

Cynlas
Corwen

Nos Sadwrn, Medi 4, 1897

Fy anwylaf Annie,

Ni ddaeth y BORE DA melus heddyw — and I have been wandering about like a disconsolate and disembodied spirit. But I know you were busy in a work of mercy, so I settled down at last to the task of grappling with my correspondence. I had disposed of a goodly pile and was about to greet my love, when in walked Principal Edwards saying Dr. Hughes who was in charge of the pony wanted to see me. At first they would not stay for tea, but the combined fire of mother, father and I silenced the enemy's guns and they capitulated . . . ac yn awr nid oes ond ychydig funudau cyn ir post fyned.

Bum am dair awr yn cael pethau i rywbeth fel trefn yn Wrexham ddoe. Gorfu i mi wneud oddeutu dwsin o areithiau ac ateb ugeiniau o gwestiynau, ac ni chefais ond digon o amser i gael un gwpaned o dê gyda Mrs. W. R. Evans cyn dal y tren i ddod i Gynlas. Apeliwyd ataf lawer gwaith i roddi fy sedd dros Feirion i fyny a myned i ymladd yn East Denbigh!!

Wele *selection* eto o lythyrau, dau o honynt yn galw am sylw *your ladyship*.

Yr ydwyf wedi dyweud wrth Lady Dilke a Lord Tweedmouth fy mod yn gosod y 'gofal i gyd arnoch chwi'. Gwelwch fod Lady Dilke yn dymuno cael atebiad buan. Beth ydyw eich barn? Yr wyf braidd yn tueddu tuag at Benson's Standard Lamp, ond y chwi sydd i ddewis. A gaf air ar hyn? . . .

A very pleasant Sunday to you,
my love, my good angel,

Your devoted,

Tom.

---

44. Cefn Coch MSS. Casgliad o lawysgrifau a olygwyd gan y Parch. John Fisher a'i gyhoeddi gan Isaac Foulkes Lerpwl yn 1899. Nid oedd y testun hwn ar raglen Urdd y Graddedigion o destunau i'w cyhoeddi.

J. E. Lloyd a yrrodd y llythyr i J. H. Davies.

Sir John Williams (1840-1926), meddyg i'r teulu brenhinol; prif sylfaenydd Llyfrgell Genedlaethol Cymru.

Miss Annie Davies, 20 North Parade

Cynlas
Corwen

Prydnawn Sul, Medi 5, 1897

Fy nghariadus Nancy,

Y fath lythyr! Y fath wledd! Y fath brofiad! Y fath hanes! Y fath ffynonell o fwyniant! Mil diolch i chwi, Annie anwyl, am yr oll.

Yr oedd yn gwlawio o ddifrif bore heddyw — rhuthrwlaw ystormus, ac nis gwyddwn sut y deuai y llythyrau o Llandderfel. Gan ei bod y Sul cyntaf yn y mis, pregeth gafwyd yn y bore . . . Pan yr oeddym ar ginio, wele hi yn sychino ychydig a gwelais obaith y gallaswn anfon hogyn bychan o'r pentref i ddod a'r llythyrau. Yr oeddwn yn hiraethu am *un* llythyr. Gyda fy mod yn penderfynu anfon at y llanc, wele! Barsel o lythyrau yn cael ei rhoddi imi. Yr oedd y llanc wedi rhagflaenu fy nymuniad ac wedi dod a'r llythyrau. Gwobrwyaf graffder ac yni a ffyddlondeb y llanc pan welaf ef yn yr ysgol. Wedi i mi weld prawf sicr fod yno drysor oddiwrth fy anwylyd, cefais râs ataliol i adael y llythyrau heb eu hagor nes i ni ddarfod ein cinio. Cefais fy ngwobr am ymattal. Oherwydd ni chefais erioed gystal *dessert* ar ol unrhyw ginio. Yr oedd yno bob math o ffrwythau, a mwynheais hwynt oll.

Ond rhaid cyfaddef fy mod yn ddig wrth Mr. Matthews am dori ar y tangnefedd ym mha un yr oeddych wedi dechre dywued profiad eich calon gyda'r fath felusder a theimlad byw. Ond y mae yr un tudalen a ysgrifenasoch yn y tangnefedd, i mi yn amhrisiadwy. Mae pob gair a llythyren ynddo yn anwyl genyf.

Ac mor dda genyf fod eich cyfeillion a'ch cyfeillesau yn llawenhau yn yr amgylchiad ac yn eich hapusrwydd chwi . . .

Yr ydwyf yn awr yn myned i'r Ysgol Sul. Yr wyf wedi bod yn meddwl am danoch trwy'r bore ac yn tybied eich bod yn anfon cenad ataf y munudau hyn.

Ar ol tê

Anfonais eich neges ar gerdyn i John Davies. Yr wyf yn sicr ei fod yn synu fy mod wedi dywued ei hanes wrthoch a'i fod ef *mewn gwirionedd* eich ofn chwi, ac y bydd yn teimlo yn swil iawn pan ddeuwch yma. Ond cawn weled cyn hir.

Rhyfedd hefyd ydyw yr 'ofnau' rhyngoch chwi a Rowley. Un o'r pethau olaf ddywedodd Rowley wrthyf cyn ffarwelio yn Manchester ddydd Gwener oedd: 'I am very much afraid that Miss Davies must think me a brute in writing her such a letter without my having the pleasure of knowing her.' Dywedais wrtho am iddo beidio meddwl y fath beth. Ac yn awr wele chwithe yn ofni. Ond ni raid i chwi. Unwaith y gwelwch eich dau eich gilydd, byddwch yn gyfeillion mawr.

Will you kindly thank John for sending me Lloyd's letter? The publication of the 'Cefncoch MSS' will only do our project good. It will be an advertisement for our desire to have a *complete* edition of Thomas Prys. Let us therefore encourage the Fisher-Foulkes enterprise for what it is worth. Will you also kindly tell John that I have not yet heard from Sir John Williams. I wrote to him about the local progress made . . .

I shall tomorrow night reach Trewythen.

And now, my love, prydnawn da. Cofion a chariad a chusan.

Yr eiddoch yn orfoleddus wrth weled neshad yr amser

Eich ffyddlon a serchog

Tom.

---

45. Wynne Parry. gw. llythyr 22 Awst.

Miss Annie Davies, 20 North Parade

Cynlas
Corwen
Nos Sul, Medi 5, 1897

Fy anwylaf Annie,

Rhwng pobpeth chefais i fawr o hamdden i ysgrifenu attoch heddyw, ac ni chefais gyffwrdd ar un neu ddau o faterion yr oeddwn wedi meddwl ysgrifenu yn lled helaeth yn eu cylch. Byddaf yfory yn symud o fan i fan trwy'r dydd fel na chaf seibiant i ddyweud na hanes na helynt.

Ar ol ysgrifenu nifer dda o lythyrau ddoe, ymaith a mi ar fy ffyddlawn *Rover* i'r Bala gan fod *postman* Cefnddwysarn wedi myned . . . Wrth ddod yn ol gelwais yn nhy Dr. Hughes i'w gynorthwyo gyda rhyw fater mewn cysylltiad ag Ysgol Ganolraddol y Merched. Deallais yn union fod Wynne Parry wedi marw ychydig funudau cyn wyth. Yr oedd yn dawel ac ymwybodol, ac a'i anadl olaf anfonodd ei gofion at ei holl gyfeillion. Yr wyf yn teimlo heddyw, fel neithiwr, yn chwith a hiraethus iawn . . . Y mae pawb yn cydymdeimlo yn ddwys a Mrs. Parry . . .

Yr ydwyf yn anfon dau neu dri o lythyrau eto. Wele hefyd neges oddiwrth Mr. Gee: 'Llongyfarchiadau yr holl gylch yn Mronallt a'r Castell ar y prawf diweddaf hwn o'ch doethineb a'ch dynoliaeth, a'r dymuniadau gore i Miss Davies a chwithau.' . . .

Bydd Lloyd George yn myned i Bronwydd o Lunden nos Wener ond nis gwn eto a fedraf fi fyned cyn bore Sadwrn. A wnewch chwi ofyn i'ch mam a fuasai mor hynaws a gadael i ymdeithydd gael llety dan ei nebren nos Iau a nos Wener?

Mae Mr. Jesse Herbert, my travelling confidential agent, yn llefain am gael fy nghyngor a'm harweiniad ar ddegau o bethau pwysig am nad ydyw wedi fy ngweled er mis Gorphenaf. Mae ar hyn o bryd yn Aberdovey, a'm barn ydyw mai y peth gore ydyw iddo ddod i Aberystwyth am ddwyawr prydnawn ddydd Gwener . . .

Nos da, cariad, nos da.

Bore Llun,
Barmouth Junction.

Wele fi ar y ffordd yn disgwyl gweled Gwenogfryn. Rhoddaf eich neges feirniadol iddo.

Diolch lawer am eich llythyr, ac am y *private and confidential note* sy'n atebiad hael a llawn, fel y gwelwch i gais sy'n gynwysedig yn yr hyn ysgrifenais neithiwr.

Nis gwn paham yr ydych yn anfon cymaint o amheuon yn y llythyr heddyw. Beth yn y Sul a wnaeth i chwi deimlo amheuon? Ond gobeithio y cawn weled ddydd Iau a oes ryw sail iddynt . . .

The train is coming.
Bore da, my love,
Fyth yr eiddoch,

Tom.

---

46. Llewelyn Edwards, brawd T.C. Edwards.

Llawysgrifau Peniarth oedd un o'r casgliadau sylfaenol a phwysicaf Llyfrgell Genedlaethol Cymru pan sefydlwyd hi.

Cychwynnwyd sibrydion yn y papurau newydd y byddai T.E. yn sefyll etholiad yn Nwyrain Dinbych ac yn gadael Meirionnydd.

Miss Annie Davies, 20 North Parade

Peniarth
Towyn
Merioneth
Nos Lun, Medi 6, 1897

Fy nghariadferch lân,

Nid oes genyf lawer o hanes nac o brofiad i'w adrodd i chwi, ond ni fedraf fyned i orphwys heb anfon fy nghariad attoch. Mae neshau attoch fel yr ydwyf wedi gwneud heddyw yn rhoddi mwyniant mawr i mi ond y mae hefyd yn codi hiraeth cryf am fod yn agosach attoch. Ni wyddoch, anwylaf Annie, gymaint yr wyf yn eich caru, yn caru meddwl am danoch, yn caru dod yn nes, nes attoch a'ch hadnabod fwyfwy.

Yr wyf wedi cael diwrnod eithaf hapus. Deuais o Gynlas i'r Bala ar fy *micycle* mewn ychydig funudau, gelwais yn y dref ac yna deuais gyda'r tren i Lanuwchlyn yn nghwmni Mr. Llewelyn Edwards ac i Barmouth Junction gyda nifer o bregethwyr yn dychwelyd o'u cyhoeddiadau. Cefais ychydig hamdden i anfon gair attoch oddiyno, a phan ddaeth y trên wele Gwenogfryn a'i holl deulu, y teulu yn myned i Oxford a Gwenogfryn i Peniarth. Cawsom *drive* hyfryd yma a chroesaw siriol iawn gan Mrs. Wynne. Ar ol lunch aeth Gwenogfryn a mi am dro i weled tegwch y wlad, ac yn wir y mae yr olygfa i fyny dyffryn y Dysynni heibio Craig yr Aderyn i Llanfihangel y Pennant a thros y clogwyni ar glynoedd i fyny i goppa Cader Idris yn ardderchog a swynol odiaeth . . . Erbyn i ni ddod yn ol yr oedd agoriadau diogelfan y trysorau wedi dod oddiwrth Mr. Wynne, ac ar ol tê wele ddechreu y wledd, ac yno y bum yn ymborthi hyd nes yr oedd yn rhy dywyll i weled, ac wedi i oleuni ddod i mewn nes y galwyd ni i fyned i wisgo erbyn cinio. Mae y trysorau bron yn ddihysbydd, ysgrifen ar ol ysgrifen, llawer o ddyddordeb rhyfedd. Yr oeddwn yn meddwl am John beunydd. Daeth Mr. Wynne i mewn oddeutu 7.0 ac yn bur fuan dywedodd y buasai Mr. Davies, Cwrt Mawr yn dymuno gweled y MSS ac yr oedd yn dda gennyf sylwi fod Mr. Wynne nid yn unig yn barod i adael John weled ei drysorau ond ei fod yn gwneud hyny yn aiddgar pan ddeallodd mai eich brawd chwi ydoedd. Yr ydwyf yn myned i anfon telegram at John yfory i ofyn iddo ddod yma ddydd Mercher neu ddydd Iau. Gwnaiff fwynhau ei hun dros ben. Y mae yma MSS werthfawr iawn o Tudur Aled. Os bydd John yn meddwl aros noson deued ai *dress suit.* Mae Mrs. Wynne yn lled *strict* yn y mater hwnw. Mae Mrs. Wynne a minne erbyn hyn yn ffrindiau mawr, ac y mae hi a Mr. Wynne yn gofidio fy mod yn ymadael bore yfory ac wedi gwneud i mi addaw dod eto am noson wrth ddychwelyd i Gynlas yr wythnos nesaf. Cefais ymgom hir a dyddorol iawn gyda Mrs. Wynne ar ol cinio ar Gymru a chrefydd, a bywyd cymdeithasol Cymreig . . . Yr wyf yn gobeithio i mi roddi rhai syniadau mwy clir a chywir am fywyd Cymru iddi nag oedd wedi gael o'r blaen.

Y mae y ddau wedi bod yn neillduol garedig. Darfu iddynt fy llongyfarch ar fy nghyfammod a'm hanwylyd yn gynes iawn a dymunasant yn dda i ni ein dau. Gadawaf yma yn lled gynar bore yfory er mwyn bod yn Trewythen mor fuan ag y gallaf ar ol 11.0.

Ni raid i chwi betruso ynghylch y *paragraphs* fy mod am adael Meirionydd am unman. Nid un i adael fy anwylion ydwyf; a thra bo Meirion yn ffyddlon i mi, byddaf innau yn bur i Meirion . . .

Nos da i chwi, my darling Nancy, melys hun i chwi.

Tre Wythen
Llandinam
Prydnawn Mawrth

Fy anwylaf,

Wele fi yma. *Drive* hyfryd yn awyr a haul y bore i Dowyn. Meddwl llawer ar y daith o Glandovey Junction yma am ddydd Iau. I think this would be the best plan:

Leave Aberystwyth by train starting 9.35 in morning, get down at Machynlleth at 10.18 and bicycle at once towards Cemmes Road.

I shall leave Caersws at 9.44 and get down at Cemmes Road at 10.30 and bicycle to meet you.

Then we shall bicycle together here by dinner, then have a

rest and a cup of tea and return to Aberystwyth by bicycle part of the way and the rest by train, or all the way by train as you prefer.

What do you say to that? Please wire tomorrow to: Trewythen, *Caersws* saying Yes, or if not, modifying the plan as you wish.

Diolch am eich llythyr i ychwanegu fy nghroesaw yma. I am *delighted* that you are joyous and merry and happy . . .

Prydhawn da, my love

Gyda'r un nifer o gusanau ag a anfonasoch ac un o leiaf yn fwy

Tom.

---

47. Gwrthod y gwahoddiad i Bronwydd, Llandysul a wnaeth Annie. Nid oes gofnod o'r rheswm paham. Bu T.E. yn annerch cyfarfod yn Aberbanc, ger Aberteifi.

Miss Annie Davies, 20 North Parade

Bronwydd
Llandyssul

Bore Sul, Medi 12, 1897

Fy anwyl, anwyl gariad,

Nis gwn sut i ddadgan fy nheimlad o wagder a hiraeth. Digon anhawdd oedd eich gadael bore Llun Awst 16, ond yr oedd *ddengwaith* mwy anhawdd eich gadael ddoe. Yr oeddwn yn hiraethlawr bob cam o'r ffordd. Fy unig gysur oedd meddwl y cawn wedi cyrhaedd yma anfon gair o gyfarch attoch as an outlet to my feelings. I wandered disconsolately about Pencader for over an hour reproaching the fate which kept me from sweet converse with you. But I pulled myself together, reached here, but found on enquiring that the post had gone! This tried me sorely, and I had to go through another process of self-schooling. Then Mrs. Robson and Mr. Robson would keep saying how sorry they were that *you* had not come, as if that would comfort me! But I bore up, feeling that on the morrow there would be a little note from you full of love and joy. But this morning I find that there is no Sunday delivery here!!

Gellwch ddirnad felly mor ofidus genyf nad ydych yma. Mae Mrs. Robson yn nodedig o dirion a charedig . . . Ni ddaeth Lloyd George wedi'r cwbl! Yr wyf yn credu y buasech yn hapus iawn yma. Mae y ty yn hardd iawn mewn sefyllfa odidog ar fryn uwchben glyn prydferth a golygfa debyg i'r olygfa o ddrws Cwrt Mawr . . .

Er maint fy hiraeth a'm gofid yr wyf yn teimlo i mi wneud yn iawn ddod yn ol fy addewid. Nid ydyw George yn helpu enw da Cymro wrth beidio cadw ei addewidion ac wrth fod yn *undependable*. Mae pobl garedig fel y rhai hyn yn maddeu iddo ond nis gallant anghofio, a rywfodd y mae y pethau hyn yn cael eu gosod, feallai yn ddiarwybod, i anghlod ein cymeriad fel cenedl. But I do not mean to moralise or sermonise on these things.

What a *delightful* couple of days we had, my lovely Nancy, had we not? My heart leaps with joy at the thought that you looked happy. I can see that I shall have a tough struggle to leave here Tuesday morning, but I shall do so. That will enable me to see you again . . .

I am going to make a great effort to get this letter posted today but I am not certain I shall succeed.

Bore da, my love, my sunshine,

Fyth, fyth yr eiddoch

Tom.

---

48. Am lawysgrifau Peniarth y bu'r ohebiaeth rhwng J.H.D. a W. R. M. Wynne, Peniarth.

Miss Annie Davies, 20 North Parade

Bronwydd
Llandyssul

Bore Llun, Medi 13, 1897

Fy anwylaf Annie,

Y mae rhyw anffawd wedi digwydd yn rhywle, neu buaswn wedi cael gair oddi wrth fy meinwen dirion lân. Suddodd fy nghalon

a'm hyspryd pan welais nad oedd y llawysgrifen a garaf ymysg
llythyrau y bore, ac nid oes fawr o lewyrch arnaf eto. Nis gwn
a ddaeth y gair a anfonais ddoe i'ch llaw chwi y bore heddyw . . .

Ar ol cinio neithiwr wedi'r boneddigesau fyned i'r drawing
room cafodd Mr. Robson a minne seiat neillduol o wlithog a
phleserus ar y pwnc o ba un yr ydych chwi yn ganolbwynt ac
yn seren, ac ar ol i mi ymuno a'r boneddigesau rhoddwyd fi
trwy gatecism dyddorol iawn yn eich cylch a chawsom
ymdriniaeth ddyddorol a defnyddiol ar *flats* a thai a bywyd yn
Llunden . . .

I suppose there is now quite a brisk correspondence between
Mr. Wynne and John.

Wel dydd da, fy hawddgar, anwyl Nancy gyda chariad a
chusan from your devoted and hiraethlawn.

Tom.

Have you, my adorable 'square peg' (what quaint names you
give yourself!) seen the resolution of the Welsh Women's Union
at Pembroke Dock about you and me?

---

49. Bu Annie yng Nghynlas am bythefnos wedi i T.E. ddychwelyd
o Bronwydd.

Aeth T.E. i'w danfon cyn belled â Dolgellau ar ddiwedd ei
harhosiad.

Miss Annie Davies, 20 North Parade

[*Cerdyn post.*]   Cynlas
                                                     Corwen

Yn y Tren
Nawn Llun, Medi 27.

My own sweet Nancy,

If I had looked out of the carriage at Dolgelly as the train swept
me away I think I should have wept like a child. It was so
difficult to part and you looked more beautiful and sweet than
ever. The gentle flush on your face as you listened to references
to our love which my fellow passengers made added a new charm
which it seemed to me I had not even yet quite seen er i mi

gael y fraint erbyn hyn filoedd o weithiau o edrych ar eich tegwch. Anwylaf Annie, yr oedd yn dda genyf gael un olwg, un wên, un edrychiad ychwanegol cyn gorfod penderfynu i fod yn dawel heb eich gweled am lawer o ddyddiau. Mae yn llawer mwy anhawdd bod yn dawel y tro hwn nag erioed o'r blaen. For I have during your stay at Cynlas learnt to know you better than ever before, and the better I know you the more sincerely do I admire you and the more devotedly do I love you. I am extremely sorry to feel that when I return home tomorrow night after my wanderings I shall not see you, but your mother and sister have such reason to be proud of you . . .

I hope you had a comfortable journey home and that you had sunshine till you crossed the Dovey for the sake of Merionethshire and after you crossed it too.

Y mae yn anhawdd ysgrifenu yn y tren. Mae yn ysgwyd ac y mae pawb yn dadlau ynghylch yr etholiad. Yr ydwyf yn ymyl Gwrecsam, felly rhaid dywaud NOS DA.

Gyda serch fy nghalon, anwyl, anwyl Annie

Yr eiddoch hyd byth,

Tom.

---

50. Treuliodd Annie a T.E. rai diwrnodau'n teithio'r wlad ar eu beiciau.

Yr ysgol newydd a oedd i'w hagor yn Nolgellau oedd Ysgol y Bechgyn. Yn ei araith awgrymodd T.E., ymhlith pethau eraill y dylai'r bechgyn gael llonydd i wneud eu gwaith cartref yn y *parlwr*, yn lle bod y stafell hon yn magu llwydni am nad âi neb yno!

Miss Annie Davies, 20 North Parade

[*Cerdyn post*]

Wrth basio Llangollen yn y Tren
Bore etholiad dwyrain Dinbych
Medi 28

Fy meinir lân,

Wele fi, fel y dywedasoch, yn ysgrifenu gair ar gerdyn 42 Parliament St. Cryn anfantais ydyw ceisio eich cyfarch dan yr amgylchiadau hyn. Mor wahanol i foreuon y pythefnos diweddaf — pan y codwn gan wybod y cawn weled y gwyneb meddylgar, hardd, y cawn wên siriol a chusan melus. Ond nid oes genyf ond diolch a diolch beunydd am y rhagorfreintiau roddwyd immi, gan feddwl am danoch yn symud gydach dyledswyddau yn eich cartre gan wasgaru daioni a heulwen a hawddgarwch ymhlith eich caredigion a'ch cyfeillion . . .

Yr wyf fi wedi cael amser lled lafurus. Erbyn i William J. a minne gyrhaedd Gwrecsam a myned i Knowles' Hotel am gwpaned, cawsom fod Mr. Gee, Miss Gee a Miss Anna Jones yno ar eu ffordd fel y finne i Coedpoeth. Ar ol tê aeth William J. i Broughton a'r gweddill o honom i Coedpoeth. Ar y ffordd dywedodd Mr. Gee bethau *fine* iawn a hollol wir am danoch. Erbyn i ni gyrhaedd yno yr oedd y Neuadd fawr (adeiladwyd gan y Parish Council) yn orlawn, yn un *mass of humanity.* Ar ol siarad yno a chwysu yn y poethder mawr, eis mewn *open trap* trwy'r awel lem, oer am bedair milldir i Brymbo lle cyrhaeddais erbyn 9.15 i gyfarfod tebyg yno. Cafwyd cryn hwyl yno and about 10.10 I drove with Mr. Moss and Mr. and Mrs. Frank Jones to Wrexham where we arrived about 11.0 just at[*sic*] Lloyd George (who had begun at Brymbo) arrived with Mr. Seymour Jones from Coedpoeth. George, Mr. Gee and I stayed with Mr. and Mrs. Powell. We finished supper just after midnight and then settled ourselves down for a smoke and a chat. Mr. Gee with his 82 years was quite as lively as any one of us. We discussed a difficult problem relating to the Boys' Intermediate School at Ruthin. It was fully 1.30 when we went to bed. I fell asleep with my thoughts not on elections or education problems but on my love. And I awoke this morning early with my mind full of the same theme. George was very sorry that you could not come to Criccieth next Tuesday — a regret in which I frankly admitted I very full shared.

This note has been written under chequered conditions. From Wrexham to Ruabon I travelled with George who was going to London. From Ruabon to Llangollen the compartment was filled with jovial cattledrovers. I had a little peace till Glyndyfrdwy, the constituents dropped in from there to Bala. From there I have been alone thinking of our journeys on bike and in train along this beautiful country. I have just arrived on the Dolgelley ticket platform near where we said good-bye yesterday afternoon.

There is to be a meeting at 2.30 in the Public hall and then a procession will be formed to the New School which will be formally opened at 4.0 by Mrs. Williams Dolmelynllyn. I hope to get to Bala by 6.15 and then to Cynlas which to me has an added fascination because of the sweet memories of your presence, of your kindness, of your love.

Good morning, my Nancy, my love, my queen,

Yr eiddoch yn bell ac yn agos,

Tom.

---

51. Nid oes awgrym yn unman beth oedd yr anrheg a roes Annie i T.E.

Miss Annie Davies, 20 North Parade

Cynlas
Corwen
29 Medi 1897

Fy anwyl, anwyl Annie,

Yr oeddwn bore heddyw yn teimlo yn wir flinedig. Yr oeddwn yn dioddef oddiwrth brofiad nos Lun o orfod rhuthro o ganol gwres angerddol i oerni llym ddwywaith ac anadlu awyr afiach am oriau. Yr oedd fy mhen yn llawn cur a'm corph trwyddo 'braidd yn glwyfus. Ond yr oedd cael a darllen eich llythyr yn sirioli fy yspryd, a chyda sirioldeb yspryd daeth hoenusrwydd i'r corph. Such a letter could not but bring gladness of spirit. I entered most fully and sympathetically into its expressions of *hiraeth* and isolation, for I feel very isolated and hiraethlawn, but in the whole letter there was a tone of buoyancy, of confidence, of gladsomeness which proved to me that you are happy. And to know that you are happy is my greatest joy. It is because I know that you are capable of great sadness, of feeling deep sympathy, of being almost swept by a tide of emotion that I love to see in your face — or, when I cannot look upon that

94

face, in your letters — signs of joyousness and exaltation.

And how happy and jolly you must all have been when you met one another suddenly and unexpectedly! . . .

And now, my charming Nancy, let me thank you with all my heart for your dainty gift. I shall prize it immensely

1) for itself
2) for the kind thought which prompted the giving of it
3) for the giver of it
4) for the token that it is meant to be of the visit which you paid to Cynlas
5) for the memories which it will bring of the glorious time we have spent together since we met with throbbing hearts on that Thursday morning on the Cemmes Road.

Thank you, my love . . .

I have not much time to write an account of my doings and of my *profiad* yesterday. There was a splendid audience at the Dolgelley Public Hall . . . There were many enquiries for you and many a 'lwc dda' for us from friends as they come in . . . We formed in procession round the town and to the school. Mrs. Williams opened the door with a silver key, we then inspected the School which is very well built, had some tea, and then I caught the train which reaches Bala about 6.30 — (Here comes the telegraph boy! I dash to the door, break the envelope, and find the stunning news, not 750 my dear, not 1750, but *2327* majority!!! I knew it would bring joy to you)

To resume, I got on my bicycle and was home in 17 minutes without dismounting till I reached the white gate at the bottom of our lane . . .

Prydnawn da, fy nghariad, cannwyll fy llygad

Yr eiddoch dros byth
gyda diolch a chariad a diolch drachefn a chusan,

Tom.

—————

52. Mae nifer o'r nodiadau a'r papurau o'i ddyddiau coleg yn awr yng Nghasgliad T. E. Ellis yn Llyfrgell Genedlaethol Cymru.

Miss Annie Davies, 20 North Parade

Cynlas
Corwen

Medi 30, 1897

Fy anwylaf Nancy,

Diwrnod tawel ydyw yma heddyw . . .

Nid oes yma ond fy nhad a minne. Y mae Mam a Jennie wedi myned i'r Bala i weled Tassie *off to her visits*. Yr wyf fi wedi bod am rai oriau yn edrych trwy fwndeli aruthrol o bapurau, llythyrau, cyfnodolion. Yr oedd fel pe buaswn yn myned trwy *gallery* neu *museum* o'm bywyd fy hun. I came across my old exercise books and lecture notes and essays written during my College days at Aberystwyth and Oxford and all manner of scraps and cuttings and communications relating to my now nearly 12 years of public life. You may well imagine that this unearthing of the memories of the past was not unaccompanied by thoughts 'rhwng y llon a'r lleddf' about the present and the future. In the midst of them stood one figure — beautiul, pensive, earnest, responsive to emotions of joy and sadness of merriment and serious purpose, who has grown strong and noble under the sweet influences of home and of communion with the Unseen, who has allowed me to love her. Around that figure revolved my thoughts, my hopes, my emotions.

I am keeping a small proportion of these memorials of past years. I much wish that I had kept a more or less connected account of my life. These memorials would then be of some value as illustrations and explanations of one's efforts. Ond wedi'r cwbl nid ydyw hyn nac yma nac acw . . .

Very many thanks for your bright letter. I can quite understand your hesitation to believe the East Denbigh figures. It was a marvellous victory and I think it will do great good.

Dr. Hughes and Miss Edwards showed me last night the two cases one of a set of fish knives and one of fish-carvers which they give us as our wedding-present. They are very nice and I found it very difficult to thank them adequately . . .

Prydnawn Da, anwylyd fy nghalon

Yr eiddoch dros byth

Tom.

---

53. Cyfeirio y mae T.E., 'How far is Bethel', at un o'r siwrneiau beic pan arhosai Annie yng Nghynlas.

Miss Annie Davies, 20 North Parade

Yn y Tren — cychwyn o
Ruthin 4.20. Nawn Gwener
Hyd 1

Fy anwylyd,

Wele eich crwydryn yn Nyffryn Clwyd! Jennie and I biked this morning 20 miles in two hours to Ruthin for a conference on the problem of an Intermediate School for Boys here — another battle against St. Asaph. After the Conference, we had dinner at the Lumleys then visited the sites and just caught the train. We shall take train to Corwen then bike up to Cynlas along that memorable road on which you pathetically asked 'How far is Bethel?' It is a beautiful day.

Mil diolch, diolch calon, calon cariad am eich llythyr. *Unwaith* y cefais ei ddarllen, caf wir fwynhau y wledd heno, esgusodwch y mymryn hwn tan yr amgylchiadau.

With fondest love from your ever devoted

Tom.

Miss Annie Davies, 20 North Parade

Cynlas
Corwen

Nawn Sadwrn, 2 Hydref 1897

Fy nhirionaf Nancy,

I am limp in body and glum in spirit today. I do not quite know why, but I have a sort of feeling that I should be as well as ever if I were by your side. Profiad y pennill hiraeth yw fy mhrofiad heddyw. Mae eich dau lythyr wedi dwyshau y teimlad. Mae'r meddwl fod arnoch ddolur yn eich gwddf yn rhoddi pruddder a phryder i mi. Gobeithio eich bod yn well, ac y byddwch erbyn bore yfory yn iawn — your own bright, bonnie, brave, happy self . . .

Many, many thanks for your good wishes for October. I wish I had been with you yesterday in the sunshine by the sea, or that you had been here with us. Jennie and I had a most pleasant ride to Ruthin. You will see a full account of our meeting in today's *Manchester Guardian*.

I felt quite ill on Thursday night and I seemed to be in for a severe bout of influenza and after a rather troubled night I woke to find myself hoarse and tired. But I got up and our bike ride helped me to expel the cold, and with care I shall be all right again. It is extremely kind of your mother and you to invite me to Aberystwyth. I know it would be the very medicine I stand in need of. But Monday night I have my Parish Council, Thursday I address the Cymdeithas Cymry Caer, Friday and Saturday I have to be in Bangor. So I have only Tuesday and Wednesday for Criccieth. I should so like to have even a glimpse of you. Do you not need to see your father-confessor Iolo? . . .

Wel, cariad anwyl, rhaid ffarwelio. Diolch eto am eich dau lythyr rhagorol . . .

And to you my heart's love goes out. Sul diddan, hapus i chwi a'ch Mam a Mary. Byddaf yn meddwl am danoch trwy y dydd ac yn adgofio y ddau Sul diweddaf yn enwedig y ddau nos Sul.

Nos da, my love, my idol,
Yours for ever
Tom.

55. Mae'n ddiddorol deall fod plant bach ysgol y Sarnau'n canu hwiangerddi Cymraeg.
W.L.A. Women's Liberal Association.

Miss Annie Davies, 20 North Parade

Cynlas
Corwen
Nawn Llun, 4 Hyd, 1897

My lovely Nancy,

Your letter today stirred me very deeply. It is a further proof of your love and of your devoted friendship that you should tell me of the tides of feeling which sweep over your soul. The tide of the sea is a great mistery. We only know that there must be some great force in the mighty deep which scatters itself on earth's shores. So behind your tide of emotion there must be a strong stirring of heart and soul. Last Thursday afternoon I did not know whether I was intensely glad or intensely sad. And from your letter, for which I thank you, my love, with all my heart, I am delighted to find that though it was written as though in a mist of tears still that you were able at the end to say that you were very, very happy. You cannot realise, fy anwyl, anwyl Annie, how the knowledge of your happiness gives a new glow to my life and a near buoyancy and purpose to my work from day to day.

I have no news or profiad today . . . after dinner I took father to see the children at Sarnau School go through their drill and to hear the infants say their hwian gerddi. The children seemed very happy and father enjoyed himself thoroughly. You would have enjoyed watching father's face as he heard the children repeat the quaint old nursery rhymes which he had heard well over 60 years ago.

Now I must be off to the Parish Council . . .

I leave for Criccieth in the morning, and shall send word tomorrow.

Excuse this very brief note. I enjoyed your account of the

proceedings of the W.L.A. What a terror Mrs. J. must be?
Unfaithful John Hugh!!

Prydnawn da, fy anwylyd, fy Annie

Gyda chariad calon a chusan

Yr eiddoch fel yr ydwyf

Tom.

---

56. Aethai T.E. i annerch cyfarfod yng Nghricieth.
Un dystiolaeth fod llythyrau Annie eto'n rhai meithion.
Mab Iolo Caernarfon oedd John Roberts, a ddaeth yn weinidog yng
Nghaerdydd yn ddiweddarach.
Bryn Awelon, Cricieth oedd cartref Lloyd George.

Miss Annie Davies, 20 North Parade

Yn office George yn Portmadoc
nawn Mawrth, Hyd 5, 1897

My lovely Nancy of the black jacket,

How full of sunshine and peace and joy your letter is! It is well
worth while having a tempest and a rainstorm in order to see
the beautiful blue sky and the smiles and the happiness. But
why, my own true love, should you be sorry for having let Tom
know of the storm and the stress and the heaviness of spirit and
the cloudiness of the eyes? It was a rapture to read page after
page of your buoyant, delightful and frank letter.

Criccieth

I am now here with George on one side and William J. on the
other brimful of high spirits, chaff and merriment with an
occasional flash of serious earnestness.

I had to stay some time in Portmadoc and I had a splendid
treat — I had quite a long and intensely interesting chat with
Iolo. We only talked of two subjects — his son and you. Two
fascinating subjects — a fine young fellow and my beautiful noble
Annie. I hope he will spend the day with us tomorrow . . .

Iolo said some fine true things about you. He did speak with

100

feeling and sincerity. I cannot tell you how glad I am that I came across him, and I am looking forward to tomorrow.

Good afternoon, fy anwyl, anwyl gariad

Yr eiddoch oll yn oll

Tom.

Bryn Awelon
Criccieth.

---

57. Owen Rowland Jones, brodor o Flaenau Ffestiniog lle 'roedd yn ysgrifennydd Undeb y Gweithwyr.
Erbyn 1897 yr oedd yn y Gwasanaeth Gwladol yng Nghaer.

Miss Annie Davies, 20 North Parade

[*Marc post Cricieth*]

6 Hyd, 1897

Fy Annie anwyl,

Bum ar dwr uchaf y Castell neithiwr pan oedd y lloer yn codi a cheisiais eich gweled dros y culfor. A thrwy y dydd heddyw yr wyf yn syllu dros y tonnau gan hiraethu am gael cipolwg ar fy anwylyd.

Ond eich llythyr oedd yr unig arwydd sylweddol o'ch agosrwydd, a da iawn oedd genyf ei gael. The postmen all over North Wales were late yesterday. I only got your letter yesterday at 11.0 just before I started for Criccieth. And what a joy it is to get these warm messages straight from the heart of my love. They simply lift me up, mind and heart and spirit. To know that you are happy and joyous and well is to me like sunshine. I feel that we are getting nearer and nearer to one another, that we love each other more day by day, and that a real unity of spirit and devotion is being cemented by our intercourse. It makes me, dearest Annie, very happy . . .

We have had a most pleasant day D. R. Daniel came at 7.0 last night and we had a most merry and enjoyable evening. William J. and D. Daniel had to read nearly the whole of Ceiriog! Great hwyl! I think D. Daniel and I did not sleep till

101

after 2.0 this morning. We had a grand seiat for three hours crowded full of profiad . . .

I shall come to Aberystwyth to speak on 28th or 29th.

Tomorrow I go to Chester — address c/o O. R. Jones, 5 Spring Gardens and from there to Bangor — address c/o J. E. Lloyd M.A., Tanllwyn, Bangor.

I shall go round the Walls and give your message to the old school.

The post is just going so I must stop in middle of my theme.

Good night, my love, my sweet Nancy

Ever and ever yours
all in all

Tom.

---

58. 'Poeni dyn mor galed', llinell o'r gân werin Y Deryn Pur. 'O Dduw faddeuo'r deg ei llun / Am boeni dyn mor galed.' Bu T.E., Lloyd George a William Jones yn annerch cyfarfod mawr yng Nghricieth.

Miss Annie Davies, 20 North Parade

Yn y Tren yn Nyffryn y Dyfrdwy
Nawn Iau, Hyd 7, 1897

Fy nghariadus Nancy,

There are materials in your letter of this morning for one or two most delightful quarrels. One is the paragraph where you describe yourself sitting alone writing a letter to me as 'writing a lot of rubbish'. I wish I were near you to administer suitable punishment for your provoking naughtiness in saying such a thing. And then your excuse for not sending me a certain telegram! You refrained from wiring to me to come to you, because you had *assured yourself* that I should enjoy myself *quite as much if not more* where I was and in such pleasant company!!

Now, Nancy, what special form of loving chasteisement ought you to receive for that superfluity of naughtiness? This is one of your worst offences, and when the happy hour at last arrives when I shall look upon your face again, it will be my painful duty to exact the utmost penalty of the law. I am extremely sorry that I did not get the opportunity today between Glandovey Junction and Welshpool of giving you a little lecture, with illustrations, upon the misdemeanours committed in your letter. I had a letter this morning from Gwenogfryn summoning me to meet a young lady friend of his who from his description must be an angel! But alas! I am denied and robbed of these joys owing to the necessity of fulfilling a promise to dilate before Cymdeithas Cymry Caer upon 'Some considerations affecting the home language of the Cymry' . . .

But in spite of your 'poeni dyn mor galed' I forgive you. For your letter is delicious — its merry twinkles . . . and above and beyond all your beautiful reminiscence of the little cyfarfod gweddi at Cefnddwysarn. I cannot tell you how thankful I am that I should have been the means of touching chords of reverence which brought you strength and solace. I gave your message to Thomas Davies. He was very much obliged and desired to be most kindly remembered to you and he hopes you will soon come to Cefnddwysarn again . . .

They insisted upon having a meeting at Criccieth last night. The place was crowded and the three of us had to orate. The people were hugely delighted with the success of the meeting which is a comfort and a reward, other wise I did not like it as I felt a little tired today . . . I do not at all feel in the mood for delivering an address tonight. I am simply longing to see and be with you, my love, my fairest Annie . . . But there is a crumb of comfort in your letter, that you will be in London by the end of next week. Will you be going to Oxford on the Wednesday? If so, I think I can evolve a plan for our meeting, before the end of the week. Feallai y daw gole gwan o'r diwedd.

But what is more important now is for me to see the portraiture of you in *Young Wales* by the immortal John Hugh! I must get a set of the back numbers and see you as you are drawn by your gifted neighbour . . .

And Mary thinks, does she, that you write far too frequently to me. It is very sad to have to differ from so sensible an authority, but your letter in the morning is the answer to the prayer 'Give us this day our daily bread'.

I am close to Chester, having just passed through the scenes of the great East Denbighshire struggle, so I must stop.

Prydnawn Da, fy anwyl, anwyl, anwyl Gariad.

Yr eiddoch pa le bynag yr wyf,

Tom.

---

59. Mr a Mrs Treborth Jones. gw. llythyr 20 Awst.

Henry Jones (1852-1922) athronydd; gweithiwr dygn dros addysg uwchradd yng Nghymru a thros Brifysgol Cymru.

Francis Palgrave (1824-97) Athro Barddoniaeth ym Mhrifysgol Rhydychen.

Am yr anerchiad ar Domestic and Decorative arts. gw. *Speeches and Addresses*. T.E. Ellis 1912, 29.

Yr ysgol a agorwyd ym Mangor oedd Ysgol Sir y Merched; Arthur Acland a'i hagorodd a'r hostel i ferched y Brifysgol, sef University Hall.

Miss Annie Davies, 20 North Parade

Tan nenbren Owen Rowland Jones,
yn Ninas Ysgol fy Anwylyd
Bore Gwener, 8 Hydref 1897

Fy Annie,

Yr wyf wedi cael ymgom heddyw a thair o'm cyfeillesau ieuanc — un chwech oed, un bedair ar ddeg, ac un ddwy ar bymtheg, ac yr oedd ein hymddiddan mor felus a dyddorol a chariadus fel y mae arnaf hiraeth angerddol eich gweled chwithe. Ond ar hyn o bryd ni chaf. Buom ar fur y ddinas a bum yn syllu ar eich ysgol gyda dyddordeb mawr ac yn ffurfio yn fy meddwl ddarluniau o'r llances o Gymraes o ganol Ceredigion fu'n trigianu yno ac yn adeiladu ei chymeriad hardd yng nghanol dylanwadau y fan. Dyna y wobr oreu gefais am fy ymweliad i Gaer. Cafwyd cyfarfod llewyrchus neithiwr. Yn ysgol Capel John St. yr oeddym ac yr oedd yno gynulleidfa lled *representative* o Gymry Caer. Yr oedd *presentation* i Mr. a Mrs. Treborth Jones yn y Capel Saesonig fel na welais hwy. Lled hanesyddol ydoedd fy anerchiad a thawel oedd fy nhraddodiad o honi ond yr oeddynt yn edrych yn mwynhau eu hunain. Cefais ymgom a llawer ar y diwedd, a llongyfarchiadau cynes a dymuniadau da ar eich rhan chwi a minne.

Yr oedd yn dda iawn genyf gael eich llythyr bore heddyw — byr, ond hapus. Buaswn yn athrist iawn pe na buasai gair wedi dod. Rhaid i mi adael oddiyma am 2.5 er mwyn myned i Fangor. Mae Professor Henry Jones yn darlithio heno yn y Guild Hall yng Nghaernarvon ar 'Individualism and Socialism' a buaswn yn hoffi ei glywed yn fawr ond nid oes yno un trên yn myned yn ol i Fangor ar ol y ddarlith. Feallai mai aros ym Mangor i wrando Prof Francis Palgrave yn yr University College fydd raid i mi. Buaswn inne yn hoffi pe baech ym Mangor yfory. Buaswn yn teimlo llawer mwy o ddyddordeb yn y *proceedings* nag yr ydwyf yn ei wneud yn awr. Nis gwn yn iawn pa le y byddaf dros y Sul. Mae David Daniel eisiau i mi fyned ato i Fourcrosses i weled ei lances fach (Gwenllian mae am roddi yn enw iddi) ac i ymgomio am a fu ag a fydd a dyna fuaswn yn ddymuno wneud, ond feallai mai aros ym Mangor fydd raid er mwyn i mi gael gweled Mr. Acland. Os na anfonaf *telegram* i'r gwrthwyneb yfory fy nghyfeiriad fydd

Tanllwyn
Bangor.

Byddaf yn myned yn ol i Gynlas ddydd Llun er mwyn i mi fedru myned i Gerrig y druidion. Yr wyf yn blino tipyn ar yr holl siarad mewn cyfarfodydd ond hwyrach fod rhywfaint o ddaioni yn cael ei wneud.

Yr wyf yn awr yn myned i gywiro fy anerchiad ar y *Domestic and Decorative Arts* a draddodir i'r Cymmrodorion. Ydych chwi yn cofio y noson hono? Mor ddyddorol ydyw adgofio oriau a dyddiau a nosweithiau yn yr wythnos hyny.

Wel, my uproarious ferch fach o'r wlad, bore da i chwi a chariad a chusan oddiwrth

Your devoted, loving Tom.

Tanllwyn
Bangor

Wele fi wedi cyrhaedd, a dyma hamdden i anfon gair o gofion ac o gariad.

Mae yma lu o enwogion wedi dod gogyfer ar[*sic*] seremoni yfory. Yr wyf newydd weled yr Ysgol a'r Hostel. Nid oes le yn yr Hostel ond i 50 ond mae yn adeilad hardd a chyfleus. Nid wyf yn hoffi yr ysgol o'r tu allan ond y mae yn lled dda oddifewn.

Mae nifer o honom yn myned am *drive* i Gaernarvon i wrando ar Henry Jones. Yr wyf wedi clywed ei fod mewn hwyliau neillduol o dda. Ceisiaf fyned nos yfory at David Daniel. Fy nghyfeiriad fydd:

Fourcrosses

Chwilog R.S.O.

North Wales.

Prydnawn Da, Cariad anwyl, Sul hapus i chwi, ac i chwi oll, a gobeithio yr aiff Walter trwy y prawf y tro hwn.

Yr eiddoch yn hiraethlawn

Tom.

---

60. Yr oedd Annie wedi ei gwahodd i Rydychen i aros gyda Gwenogfryn Evans.

Miss Annie Davies, 20 North Parade

Tanllwyn, Bangor

Bore Sadwrn, 9 Hyd, 1897

Fy anwylaf Annie,

Byddaf 'on the go' trwy'r dydd heddyw, fel na chaf ddim amser i anfon na hanes na phrofiad attoch. Ond rhaid i mi gipio ychydig funudau cyn cychwyn i ddiolch i chwi, Annie anwyl, am eich llythyr sydd newydd roddi y fath sirioldeb yspryd i mi. Mae'm cariad tuag attoch, fy anwylyd hoff, yn myned yn fwy angerddol bob dydd fel yr wyf yn dysgu eich adnabod yn well. Peidiwch a phryderu anfon attaf neu ddyweud wrthyf bob peth sydd yn eich meddwl ag y buasech yn dymuno ei ddyweud wrth unrhyw un anwyl genych. Feallai nas gallwn roddi fawr ddim o oleuni na chynorthwy nac adeiladaeth i chwi ond cawsech, rwy'n credu, ystyriaeth a chydymdeimlad. Ac o gydystyried pethau dyrus y daw goleuni i'n gilydd, ac adnabyddiaeth well, a chryfder ychwanegol i'n huniad.

So you go to Oxford Monday. Very good. I shall travel that way as soon as is possible not later than Wednesday afternoon. And oh! how happy I am to think that I shall see my Princess soon again . . .

I had a *splendid* treat last night at Carnarvon. Prof Henry Jones was most inspiring. He argued with fire. He looked at the future with splendid hopefulness. He gave us a new strong impulse to great effort. 'Mi bregetha'n well ar ol hyn' was (so I was told in coming home) Mr. J. E. Hughes's remark when Henry Jones finished his address . . .

> Bore da, my lovely Nancy, my star,
> Cariad fy nghalon i chwi a chusan
> Fyth, fyth yr eiddoch
>
> Tom.

----

61. Gobeithiai T.E. gael mynd i Rydychen tra byddai Annie yno.

Miss Annie Davies, 20 North Parade

Fourcrosses
Chwilog R.S.O.
Sunday [*Marc post 10 Oct.*]

My dearest,

There is no Sunday post here and therefore I have not had my 'bara beunyddiol' so I feel rather sad and downcast. There was a very sleepy sermon this morning so I thought of my anwyl, hawddgar, dirion, gariadus Nancy a chefais foddion gras.

I send this by a boy to an adjoining village in the hope that he may get it into a Post Office so that you may have my greeting and my best wishes for a comfortable journey to Oxford and a croesaw calon there. I am very happy in the thought that in a few days I shall have the supreme joy of looking into the face of my love of hearing her voice of communing with her.

Heaven guard you, my bonnie Nancy.

With deep, strong love a chusan arall i selio'r fargen

Yr eiddoch byth a hefyd

Tom.

---

62. Gwilym Lloyd George yn blentyn tair oed ar y pryd. Y Parch Thomas Roberts (1835-1899) gweinidog Jerusalem. M.C. Bethesda 1867-99.

Miss Annie Davies, c/o J. Gwenogfryn Evans, Esq.,
7 Clarendon Villas, Oxford

[*Cerdyn post*]
Bore Llun, Hyd 11, 1897
Ym Mlaenau Ffestingiog
ar fy ffordd i Gynlas a
Cherrig y Druidion.

Fy anwylaf Annie,

Daeth eich dau lythyr yn daclus gyda'i gilydd bore heddyw a llawenydd mawr oedd i mi eu cael cyn cychwyn ar fy nhaith. Cefais Sul tawel, hapus, a gorphwyslawn gyda'm hen gyfaill annwyl . . . Ar ol cinio wele *carriage* wrth y drws ac ynddi — Lloyd George, Mrs. George, Gwilym a Gwynoro Davies. Gan fod gennym bregethwr teimlasom mai y peth gore oedd aros ar yr aelwyd oddeutu'r tân. Ac felly fu. Ymdriniasom bynciau fawr a mân mewn byd ac eglwys. Yr oedd eich cyfaill bach Gwilym (ir hwn y rhoddais eich neges aml waith drosodd) yn ddoniol iawn. Yr oedd arno eisiau myned a'r 'ddoli fach' (Gwenllian, geneth fach David Daniel, mis oed) gydag ef i Griccieth yn y car! . . .

Yn y Tren yn nesau at Drawsfynydd.

Gwnaethoch un camgymeriad bychan trwy ddyweud fy mod yn hoff o ysgrifenu yn y tren. Nid ydwyf yn hoffi hyny, ond mae'm hoffter o'm hanwylyd mor gyson a threiddiol fel os na chaf hamdden a chyfleusdra i ysgrifenu gair atti o'm hystafell, rhaid i mi wneud y gore o anfanteision y trên er mwyn anfon gair o gyfarch ac i ddadgan fy anwyldeb tuag attoch. Ond, mewn gwirionedd, nis gallaf, yn y trên nac allan o hono, ddadgan mor anwyl ydych i mi. Ond gallaf ddyweud mai fy hapusrwydd uchaf ydyw gwybod eich bod chwi yn hapus ac yn siriol ac yn teimlo gwerthfawredd bywyd.

Yr wyf o'r un farn a chwi am Mr. Thomas Roberts, Bethesda. Efe oedd un o *favourite preachers* David Daniel a minne 10 a 15 mlynedd yn ol ac yr ydym yn parhau o'r un farn . . .

We have just passed Arenig Station and shall soon be in Bala. I shall get to [*llun llaw yn pwyntio at y 'Cynlas' argraffedig ar y cerdyn post*] just in time for a cup of tea and then must start off to Cerrig y Druidion.

I don't think I thanked you sufficiently for your letter of Friday. It was very jolly, full of yourself and it did me good to get it and it did my heart good to re-read it today.

Are there many more entreaties in the Journal? A Journal is a very good friend — it keeps secrets well and is quite silent till you ask it questions and consult it; and when you do consult it, it is full of encouragements and warnings, and it has one other invaluable quality — it is a storehouse of recollections. The memories even of sadness and of sorrow are sweet and fortyfying.

Wele fi ar gyfer y Coleg. Felly rhaid terfynu.

Cynlas

Wele yn yr hen gartre anwyl eto! Gwynfyd na chawn fod yma yn dawel i ymgomio a darllen ac adgofio. Ond myned raid ar unwaith. Mae Jennie yn dod gyda mi.

Prydnawn da, fy anwylaf Annie

Yr eiddoch fyth a hefyd

Tom.

Deuaf yna nawn Mercher.

109

63. Gwylfa Hiraethog, y 'Plas Pren' ar lafar a godwyd gan yr Arglwydd Devonport ar ben Bryn Trillyn fel *shooting-lodge*. Bu T.E. yn aros yno yn 1875 a sgrifennodd lythyr oddi yno at Robert Hudson pryd y disgrifia'r olygfa oddi yno o dan gaenen o eira. Mae'n debyg i T.E. fynd ag Annie yno ym mis Medi. Am hanes y tŷ gw. *Y Gadlas* papur bro Llansannan a'r cylch 1994. Nid oes dyddiad yn yr erthyglau.

Mae llun o Annie mewn gŵn a chap coleg, a dynnwyd gan Gwenogfryn, a sgrifennodd o dano: *'Studying husbandry at Oxford'.* Ar y cefn rhoes, *'This is the sole and undivided property of Thomas Ellis, Esq. M.P. of Cynlas Merioneth.'* *'Witness J. Gwenogfryn Evans, Oxford Oct. 13. '97.'*

Miss Annie Davies, c/o J. Gwenogfryn Evans Esq., M.A.,
7 Claredon Villas, Oxford

Cynlas, Corwen

Hyd. 12, 1897

Nancy, my love,

A host of thanks for your train letter. I was delighted to receive it and to find that you were bonnie and serene and happy . . .

Gobeithio eich bod wedi cael taith gysurus i Rydychen ac wedi cael amser braf yno. Darllenais gyda dyddordeb mawr bob gair o'ch hanes ddydd Sul ac o ddigwyddiadau eich taith.

Cafodd Jennie a minne daith ddyddorol a phleserus i Cerrig y druidion. Yr oedd yn oer wrth i ni fyned. Y capel yn orlawn a dywedodd Jennie i mi wneud araeth wresog iawn ac iddi hi fwynhau y cyfarfod yn fawr. Ar ol swper gyda Herbert Roberts a chwmni yn y Saracen's Head cychwynasom ein drive o 14 miles am 10.15 pan oedd y lleuad yn llawn ac yn taflu goleuni prydferth iawn ar y wlad trwy ba un y tramwyasom yn ein hymweliad bythgofiadwy a Gwylfa Hiraethog. Yr oeddym beunydd yn adgofio troion yr yrfa honno. Cyrhaeddasom adre ychydig cyn haner nos.

Yr wyf heddyw yn clirio gogyfer ag yfory . . .

Felly, anwylyd, ni ysgrifenaf ychwaneg. Disgwyliaf fod yn Rhydychen erbyn 4.8 yfory a gadawaf yno oddeutu 10.50 bore Iau am Lunden er mwyn cyfarfod rhyw *deputations.*

Yr ydych erbyn hyn, rwy'n sicr, wedi cael llawer o hwyl
nodweddiadol gyda Gwenogfryn . . .

Prydnawn Da, fy nghariad anwyl, Tywysoges fy mywyd,

Gyda chariad calon ac aml gusan

Yr eiddoch fwyfwy

Tom.

---

64. Cyraeddasai Annie Lundain o Rydychen.
   Myfyriwr meddygol oedd Walter yr adeg yma.
   Wordsworth biau'r dyfyniad; rhoddwyd llinell mewn pensel wrtho
yng nghopi Annie o *The Golden Treasury* . . . *ed.* F. T. Palgrave 1896.
Rhoes T.E. y llyfr iddi pan arhosai yng Nghynlas 24 Medi.

Miss Annie Davies (of Cwrtmawr), 59 Chancery Lane

38 Ebury St., S.W.

Nos Iau — Haner Nos
Hyd 14, 1897

My own sweet Nancy,

Mae yn edrych yn rhan dda o wythnos er pan welais chwi, ac
eto yr wyf yn teimlo eich bod yn agos attaf. Yr ydych wedi bod
lawer iawn yn fy meddwl ac y mae hyny wedi fy ngwneud yn
hapus ac ysgafn galon.

Gadewais Chancery Lane yn llawn llawenydd am fod Walter
yn ddiogel trwy ei arholiad . . .

Am 7.30 cyfarfyddais Mr. Hudson yn yr Union Club yn
Trafalgar Square. Ciniewais gydag ef a buom yn ymgomio hyd
bron haner nos, ac wele fi yma eto.

Yr oedd genym lawer iawn i'w siarad a'i drin ond y rhan
felusaf a gore oedd ein hymddiddan am danoch chwi.

Mae yn dymuno i chwi ddod i lunch i Dean's Yard ddydd
Sadwrn ac i ni wedi hyny gael tro trwy ac oddeutu'r Abbey.
Ac yr wyf am i ni gael cinio gyda'n gilydd y noson hono —
Hudson ai chwaer, Geake, y chwi a minne — ac wedi hyny fyned
i'r theatre. A ydych yn cydsynio?

Yfory, mae genyf nifer o *interviews* hyd lunch, ac am 5.0 mae

111

y Welsh University executive, yr hyn gymer lawer o oriau. Ond disgwyliaf fedru dod i weled sut yr ydych rhwng dau a thri. Ac o! Mor hyfryd fydd cael dianc er mwyn cael gweled fy anwyl, landeg, hawddgar, serchusaf Annie, a chael ymgom hamddenol, felus gyda hi.

Nos Da, my bonnie Nancy, my Princess, my
'perfect woman, nobly planned nobly planned
To warm, to comfort and command;
And yet a Spirit still, and bright
With something of an angel-light.'

Gyda chariad a chusan

Yr Eiddoch yn gywir,

Tom.

---

65. Mae'n hawdd gweld yr effaith a gafodd llythyrau siriol Annie arno, ac yntau'n flinedig.

Miss Annie Davies, 59 Chancery Lane

Forest House
nr. Pontypridd

Boreu Iau, 21 Hyd 1897

Fy Nansi,

Yr oedd cael eich llythyr bore heddyw fel twyniad haul ar ol niwl i mi. Mor dda oedd genyf wybod eich bod yn hapus ac yn meddwl am danaf ac yn edrych ymlaen at gael gweled ein gilydd eto.

Cafwyd cyfarfod brwdfrydig iawn neithiwr. Yn Gymraeg y siaredais. Felly nid oes ond adroddiad byr, anghywir yn y papurau. Yr oedd yno zel a hwyl mawr. Rhoddwyd dymuniadau da y cyfarfod i'n hundeb gyda brwdfrydedd neillduol.

After the meeting we had to drive 6 or 7 miles arriving here about 11.0. Today I felt somewhat tired when I got up but the sunshine of your letter and of the thought of you together with the sunshine outside revived and brightened me. I have a horribly busy day before me.

Morning	—	Visit Pontypridd, Intermediate School, etc.
1.17	—	Go by train to visit new Primary Schools at Llwynypia.
4.0	—	Annual Meeting of East Glamorgan Lib. Association.
7.0	—	Public meeting.

Is not that apalling?

But I shall go through the programme steadily, knowing that every hour will bring me nearer to you again. I shall be very glad when tonight's meeting is over.

It was very pleasant last night after the meeting to find young people from Merionethshire crowding up to shake hands and to exchange greetings. It touched me very much.

Well, my love, I cannot begin saying in this hurried note how my affection for you is filling my whole being, and with what tenderness and intensity of feeling I regard you, and how grateful I am for the sweetness and strength you have added to my life.

Bore Da, fy anwyl, anwyl Gariad

Gyda chusan cariad,

Yr eiddoch hyd y diwedd

Tom.

---

66. Gwisgai T.E. y gŵn arbennig a gafwyd ar gyfer Warden Urdd y Graddedigion.

Miss Annie Davies, 59 Chancery Lane

Llys y Brifysgol
Caerdydd

Nos Wener, Hyd 22, 1897

Fy Nansi anwyl fy hun,

Yr ydwyf yn anfon gair byr o ganol y Llys i ddiolch am eich llythyr, i ddyweud fy mod yn iach, a'm bod yn hiraethu am eich gweled, a bod gyda chwi. Yr oedd yr hanes a'r nodiadau ar y ddarlith yn ddyddorol iawn. Ddoe eis trwy y gwahanol functions yn eithaf llwyddianus ac yr wyf yn credu i mi wneud tipyn o ddaioni yn y Rhondda. Yr oedd yno gyfarfod aruthrol yn Mhontypridd neithiwr.

Yr ydym wedi bod yn y Llys heddyw er 10 o'r gloch. Cawsom Congregation — seremoni y degrees — *ardderchog* . . . My gown was, so I understand, much admired, but I want your opinion which is the only one that I shall accept without reservation.

Gobeithiaf alw prydnawn yfory. Meanwhile I send you my love — the love for you which is the dominant and governing feature of my being. Good night, fy anwyl, anwyl Gariad. Cusan a chusan arall.

Fyth fyth yr eiddoch

Tom.

---

67. Yr oedd Annie yn gwneud copi o ran o waith Morgan Llwyd.

Miss Annie Davies, 59 Chancery Lane

Ar ol cwrdd y County Governing Body
Y Bermo

Nawn Iau, Hyd 28, 1897

Fy Nansi,

Nid oes genyf ond ychydig funudau wedi eu cipio cyn cychwyn i gartre fy anwylyd am yr hon yr ydwyf wedi bod yn meddwl beunydd er pan welais ddwy bluen ei het yn chwifio yn urddasol uwchlaw pennau swyddogion, *porters* a thyrfa arferol gorsaf Paddington. Ar ol Oxford teithio *fy hunan* yr holl ffordd i'r Bala . . . darllenais Cromwell — ond trwy y cwbl yr oeddwn yn meddwl am yr oriau a'r dyddiau hapus hapus yr ydym wedi eu cael gyda'n gilydd ac yn hiraethu am i'r amser brysur ddyfod pan gaf edrych yn eich llygaid etto . . .

Bore heddyw cychwynais yn gynnar o Gynlas — y diwrnod yn *ardderchog braf* . . . Ar ol cyrhaedd yma aethom yn syth i'r Pwyllgor ac wele fi! yn anfon gair cyn cychwyn. Wel, Annie bach, yr wyf yn gobeithio eich bod yn iach a hapus. Mae yn rhyw bleser mawr i mi feddwl eich bod yn gweithio gyda Morgan

Llwyd. Gobeithio nad ydych yn blino wrth wneud y gwaith. Mae'n dda genyf feddwl y byddaf ar eich aelwyd mewn ychydig oriau . . .

Nos da, fy anwyl, anwylaf Annie

Byth bythol yr eiddoch

Tom.

---

68. Bryn Adda oedd cartref John Bryn Roberts (1847-1915) A.S. Rhyddfrydol sir Gaernarfon, (Eifion) 1885-1906.

Alderman John Ffoulkes Roberts, Manceinion, aelod o Gyngor y Coleg. gw. *Thomas Charles Edwards Letters, ed.* T. I. Ellis 1953 td x. *Introduction.*

Elvet, y Parch Howell Elvet Lewis, Elfed, gweinidog gyda'r Annibynwyr yn y Tabernacl, King's Cross 1898-1940.

H. H. Asquith, yn ei lythyr, (Casgliad T.E.E. rhif 75) gofynnodd i T.E. am awgrymiadau ar gyfer araith *'not exclusively Cambrian'*.

Miss Annie Davies, 59 Chancery Lane

Bryn Adda

Bangor

Nawn Sul — y dydd ola o Hydref 1897

My lovely Nancy,

And by lovely I mean not alone in face and eye and form but lovely in temperament, in character, in unselfishness, in affection, in love. I have read once again the four letters which you have written to me since we said Good bye on Wednesday and my heart is filled with delight and joy and gratitude that we are such fast friends and devoted lovers that we can pour out our inmost thoughts and the secrets of our soul to one another and that I am the recipient of such letters as you sent to cheer and to strengthen me. The letters of Friday night and yesterday reached me this morning together — ac O! Y fath wledd o flasusfwyd hyfryd ac o ddanteithion calon. Diolch, diolch i chwi fy nghariad anwyl, anwyl. Mae pob gair o'ch hanes a'ch profiad, pob darlun o'r hyn ydych yn ei wneud yn felus ac yn faeth i mi. Mwynheais hanes pwyllgor Cymru Fydd, yr

115

hanes am y ffrwd o ymwelwyr nos Wener, yr ymweliad a Kate Pragnell, a'ch gwahanol *outings* gyda Mrs Williams. Ond sut y gallaf ddadgan teimladau'm calon wrth ddarllen a syllu a myfyrio ar yr ymadroddion ym mha rai y dywedwch fod eich cariad yn gwreiddio yn ddyfnach ac yn cynyddu mewn nerth a gwresogrwydd a hyder ac mewn hapusrwydd i'ch meddwl eich hun. Dyma'm profiad inne, fy anwylaf Annie, mae'm hanwyldeb a'm parch a'm cariad tuag attoch oll yn oll yn llenwi fy mywyd. Mor dda fuasai genyf pe gallaswm wneud llawer er mwyn eich gwneud yn fwy hapus. Mae arnaf hiraeth dwfn, treiddiol am gael bod yn eich ymyl. Chwychwi ydyw haulwen fy mywyd a dymunwn beunydd fod yn nghanol y goleuni. Ond arosaf yn dawel yn y cysgod tra rhaid, gan edrych ymlaen am y ddedwydd awr y caf eich gweled a'ch cyfarch.

My life has been very full since Thursday. I found them all very well at 20 N.P. but unfortunately I had very little leisure to talk with them and to gossip about you and all that springs from our love . . .

We had a businesslike Welsh Library Committee on Thursday night and Council Meeting on Friday morning. Lord Rendel is going to buy the site (£2000) and practically give it to the College. is not that splendid? . . .

But the Court of Governors was the feature of the day. The Examination hall was packed with Council, Governors, Professors and the students. Principal Roberts made a splendid speech full of fire and pride in the past and hope in the future of the College. Alderman Foulkes Roberts was most happy in unveiling the Principal's portrait (which you will like the more you see of it) and then I had to unveil Lord Rendel's . . .

I cannot tell you how sad and grieved we all were when Principal Edwards tried to say a few words at the Court of Governors. It was unspeakably pathetic.

From the dinner I went to the meeting and just as D.C.R. was speaking your charming telegram came in. The room was crowded, but little did they know how I enjoyed getting that telegram!

I spoke on foreign politics, was very serious and probably heavy. They listened splendidly but I did not feel that I had lifted the audience. But some good was done. Supper at North Parade was very pleasant — John very lively and obstreperous. Elvet arrived from lecturing at Talybont and we had a pleasant chat but I was too tired to take full part in it. Yesterday morning we breakfasted early so as to catch the train for Carnarvon. The journey was long but the view of the sea, the curling and breaking and plash of the waves and the memory of our journeying together that Saturday filled me with delight. By the time I reached Carnarfon I was *very tired* and longed passionately to be with you and to rest my weary head on your breast and to be soothed and cheered to activity and fulness of life. However the sight of the great audience of over 5000 people helped me and the meeting was a decided success. Mr. Asquith was very good and we have greatly enjoyed his visit. I proposed the vote of thanks to him and thoroughly enjoyed speaking for 7 or 8 minutes. George followed with an excellent little speech, and between us we roused them thoroughly. We had the Chairman's speech, four songs, Asquith's speech and speeches by Bryn Roberts, Herbert Lewis, William Jones, Herbert Roberts, George and myself and two resolutions and yet the meeting was well under two hours! . . .

Mr. Asquith left by the 1.50 train, and my Sunday School is this letter to my love, my sweet Nancy, my Queen.

Prydnawn Da, fy nghariad anwyl, gyda llawer cusan

Fyth yr eiddoch

Eich Didymus.

---

69. Wrth i Annie gopïo gwaith Morgan Llwyd drosto mae'n pwysleisio'r angen am gywirdeb i'r manylyn eithaf.

Miss Annie Davies, 59 Chancery Lane

Cynlas
Corwen

Nawn Mawrth, Tach 2, 1897

Fy Annie anwyl,

Melus a mwyn oedd cael eich llythyr tyner, cynes, addfwyn. Mae ei ddarllen yn fy sirioli a'm cryfhau . . .

Please thank John for his solicitude as to my health. I was very tired but I am gradually throwing it off. I trust a few days' rest here will do me much good.

And thank you a thousand times, my sweet Nancy, for your kind and soothing words and wishes.

The Morgan Llwyd page is *very nice*. If you like, you need not leave so large a margin. Please compare your transcript with the original so that you may be sure that the transcript is accurate to the letter and comma. So far as I can judge this page is quite correct

(In line 23, is the second word 'gwr' or 'wr'?)

Any suggestions made by John will be valuable, for he is a sure guide in these matters . . .

Wel, nos da, my darling, my own true love

Gyda chariad a chusan

Fyth yr eiddoch

Tom.

---

70. Ceir rhyw gymaint o wybodaeth yn y llythyr hwn am gynnwys llythyr Annie ato.

Miss Annie Davies, 59 Chancery Lane

Liverpool Reform Club

Tach 5, 1897

My Annie, my own,

There was something very winning about your letter this morning, the account of the boys' obstreperousness, your joy in working at Morgan Llwyd, your happiness at seeing your dear Mother again, your good wishes for me. Thank you, my love, my bonnie and true Nansi . . . Before leaving Cynlas this morning I wrote quite a dozen letters, then travelled here amid much rejoicing at the Middleton result . . .

But all this is mere commonplace to me compared with the joy that I feel at the knowledge of your love. Yr wyf yn eich caru, Annie anwyl, a'm holl galon ac yr wyf yn hapus wrth feddwl am danoch. Meddyliaf am danoch yn y cyfarfodydd heno ac wrth fyned i gysgu meddyliaf am danoch ac wrth fyned i Gynlas bore yfory byddwch yn llenwi fy meddyliau. Ac yr wyf yn edrych ymlaen gyda dychlamiad calon at yr wythnos nesaf pa gaf eich gweled eto wyneb yn wyneb a'ch clywed yn dyweud geiriau tyner, caredig a chymuno a'ch hyspryd pur chwi.

Prydnawn Da, fy anwyl, anwyl gariad

Gyda chariad calon a chusan

Yr eiddoch dros byth

Tom.

---

71. Alfred Neabard Palmer (1847-1915) hanesydd tref Wrecsam. Cyhoeddodd *The History of the older Nonconformity in Wrecsam*, lle rhoddai wybodaeth am Forgan Llwyd. gw. *Gweithiau Morgan Llwyd o Wynedd I*, 1899.

Yn ystod tymor yr hydref a dechrau'r gaeaf hwn, tra bu Annie yn Llundain, cafodd gyfle i drafod a threfnu gyda T.E. eu dyfodol yn y Brifddinas. Gwelodd Annie pa mor brysur a llawn oedd bywyd T.E.

Ar ddechrau mis Rhagfyr cynhaliwyd Cwrdd Clebran gan y Cymry yn yr Holborn Restaurant. Gwnaeth T.E. araith, fel llywydd y gymdeithas a sylw *Celt Llundain* oedd '. . . I ychwanegu at y diddordeb y tro hwn . . . 'roedd y ferch ieuanc hygar, a deniadol Miss Annie Davies yn bresenol.'

Yn ôl tystiolaeth y llythyrau, bu Frances Davies a'i merch Lily yn aros yn 59 Chancery Lane.

Miss Annie Davies, 59 Chancery Lane

Cynlas
Corwen
Monday, 8 Nov 1897

My dearest Annie . . .

I go to Wrexham in the morning to see Mr. Palmer then to Manchester to dinner at the Reform Club, then speak, and then back to Rhyl so as to go to Llandudno sassiwn next morning. In the afternoon I shall leave for London reaching Euston 8.45. Afterwards I hope to call to see my beloved, my bonnie Annie

119

as soon as possible. Mae arnaf hiraeth eisiau eich gweled a mwynhau bod gyda chwi.

Prydnawn Da, fy anwyl, anwyl, anwylaf Annie

Gyda chariad a chusan a chariad

Yr eiddoch fel arfer

Tom.

Fy nghyfeiriad: c/o Mrs. Roberts
Holly Bank
Llandudno.

---

72. Aethai T.E. i aros yn Tring i fwrw'r Sul.

Yma y trigai rhieni-yng-nghyfraith yr Arglwydd Rosebery, sef Baron Rothschild.

Nofelwyr poblogaidd oedd E.H. Benson a Rhoda Broughton.

Y cyfeiriad cyntaf yn y llythyrau at Cowley Street.

Miss Annie Davies, 59 Chancery Lane

Aston Clinton
Tring

Sunday, 5 Dec '97

My lovely Nansi,

Un gair o gofion ac o gariad. Gobeithio eich bod yn cael Sul diddan hapus.

Yr wyf yn iach ac yn mwynhau caredigrwydd y cyfeillion yma.

Mae Sir Robt. a Lady Reid yma. Dr. Collins (cadeirydd y London County Council), W. H. Holland, Benson (awdur 'Dodo') a Miss Rhoda Broughton a dwy nith i'r Batterseas . . .

Beth ydyw eich barn erbyn hyn ynghylch y fangre yn Cowley St?

Anfonaf air yfory os medrwn fyned yno.

Sut mae y teulu oll? Fy nghariad iddynt ond yn benaf oll i'm hanwylaf Annie.

Yr eiddoch fel arfer

Tom.

---

73. Gwyddai T.E. erbyn hyn beth oedd gan ei gyfeillion goludog mewn golwg yn anrheg priodas iddo.

Tynnwyd llun Annie gan Maull & Fox ar gyfer y papurau newydd.

Miss Annie Davies, 59 Chancery Lane

Cynlas
Corwen

Nos Fercher, Rhag 15, 1897

Fy anwylaf Nansi,

Da a hyfryd iawn oedd cael llythyr oddiwrthych bore heddyw. Yr oedd oddeutu haner dydd pan godais. Gorweddais gan fy mod yn lled flinedig, ond yr wyf yn teimlo yn eithaf cysurus — ychydig yn *subdued* feallai, ond yn falch iawn gweled pawb yma ar yr hen aelwyd a'r golygfeydd cynefin oddeutu'r ty.

Cefais siwrne dawel ddoe — darllen ychydig, myfyrio ychydig, a chysgu gryn lawer . . .

Now I am off to Llandrillo — a long drive. Tomorrow I go to Penrhyndeudraeth . . .

Byddwch wych, Nansi anwyl. Cofiwch fyned at Maull & Fox i gael eich photo, a pheidiwch anghofio eich *Journal*.

Pan elwch gyda Jessie Hudson, ewch dros y ty yn Cowley St., gan sylwi pa *orders* i'w rhoddi i'r *decorators*, os daw cymeriad y ty i ben.

Mae yma holi pa bryd yr ydych yn dyfod i Gynlas.

Noson Dda, Annie anwyl, gyda chariad a llawer cusan.

Yr eiddoch fel arfer

Tom.

121

74. Y trên bach; rheilffordd y trên rhwng Ffestiniog a Phorthmadog: trên anodd iawn sgrifennu dim ynddo!

Yr Ustus Heddwch oedd J.H.D. Penodwyd ef yn Ynad Heddwch ym mis Ebrill 1895.

Cynfal oedd cartref Morgan Llwyd.

Miss Annie Davies, 59 Chancery Lane

Yn y Tren Bach rhwng
Ffestiniog a Phenrhyndeudraeth

Nawn Iau, Rhag 16, 1897

Fy anwylaf Nansi,

Er fy mod yn ysgrifenu tan anfanteision fyrdd rhaid i mi gael anfon gair o gyfarch. Melus oedd cael eich llythyr cynes, llawn calon, llawn cariad. Ac yr oedd ei ragymadrodd yn ardderchog. Dywedwch wrth yr Ustus Heddwch fod fy nghalon yn dychlamu wrth ddarllen eich adroddiad o'i ddarganfyddiadau. Fel y gwyr John yr wyf wedi bod yn awyddus cael rhyw wybodaeth i gysylltu Morgan Llwyd ac Oliver Cromwell yn bersonol. A wnewch chwi ofyn i John a ydyw y dyddiad wrth y llythyrau? Rhoddwch hefyd, os gwelwch yn dda, fy *niolch diffuant* iddo. A wnewch chwi hefyd ofyn iddo what contemporary descriptions of (North) Wales in the first half of the 17th century are there and which he thinks the best. Gwelwch fy mod yn gofyn i chwi fod yn negesydd . . .

Yr wyf wedi cael diwrnod braf i drafaelio, ac yr oedd y mynyddoedd hardd sy'n amgylchu cartrefle Morgan Llwyd yn glir ac yn ogoneddus yn eu lluniau a'u cysgodau. Fel yr wyf yn ysgrifenu yr wyf yn cael cipolwg beunydd ar ddyffryn prydferth Maentwrog ac yn gweled yn y pellder y tonnau yn torri yn wynion ar draeth y Penrhyn a chastell Harlech a'i dyrrau cadarn fel yn gwylio ac yn rheoli mor a thir . . .

Barmouth.

Nawn Gwener.

Cefais gyfarfod da iawn yn y Penrhyn, a bu yno gryn seiat yn y man yr oeddwn yn lletya. Deuais yma heddyw tua chanol dydd . . .

Your reply to Lloyd George was excellent. You did not say what sort of lecture Llewelyn Williams gave. I hope there will be a letter from you tomorrow morning notwithstanding my inability to communicate with you from Penrhyn . . .

Gyda chofion a chariad a chusan

Yr eiddoch dros byth

Tom.

---

75. Yr oedd Annie yn ôl yn Aberystwyth, ac wedi trosglwyddo yr hyn a gopïodd o waith Morgan Llwyd i T.E.

Miss Annie Davies, 20 North Parade

Cynlas
Corwen
Nawn Sul, Rhag 19, 1897

Fy anwylaf Annie,

Daeth negesydd a'ch llythyr y prydnawn a da odiaeth oedd ei gael . . .

Cefais gyfarfod campus yn yr Abermaw — y gore o'r gyfres o lawer. Deuais yma bore ddoe ac ar ol cael ymgom treuliais y prydnawn a'r hwyr yn *Llyfr y Tri Aderyn* . . .

Yr wyf yn edrych ymlaen at y pleser o'ch gweled ymhen ychydig ddyddiau. Yr wyf wedi bod am lawer awr yn 59 Chancery Lane yn ystod yr wythnos ddiweddaf . . .

Prydnawn da, fy anwyl, anwyl Gariad

Gyda chariad a llawer cusan,

Yr eiddoch Sul a gwyl

Tom.

---

76. Gwaedd yn Nghymru, gw. *Gweithiau Morgan Llwyd I*. T.E. Ellis, 125-150.

Miss Annie Davies, 20 North Parade

Cynlas
Corwen

20 Rhag, 1897

My dearest, loveliest Annie . . .

All day I have been busy with Gwaedd yn Nghymru and it is a joy every moment to have your beautiful handwriting to read.

I am very sorry I cannot be there on Wednesday as I must be at Towyn. On Thursday morning I hope to see you.

I was delighted to get your letter and to find that you are all well.

Cariad dwfn a chusanau fyrdd

oddiwrth

Tom.

---

77. Cafodd y newydd am y tŷ yn Cowley Street fel anrheg Nadolig!

Miss Annie Davies, 20 North Parade

Cynlas
Corwen

26 Rhag 1897

Fy anwylaf Nansi,

Da odiaeth oedd cael eich nodyn cynesgalon cariadus a'r cardiau hardd a chymwys. Diolch, diolch fyrdd.

Munud sydd genyf cyn i'r negesydd fynd . . .

Cefais air bore heddyw fod y ty — *9 Cowley St.* — wedi ei sicrhau i ni. It is an important decision, is it not?

That little spot on God's earth will, if life is given us, be closely woven into the web of our life . . .

Prydnawn Da, anwyl, anwyl Nansi. My love to all, above all to you.

Ever ever yours

Tom.

78. *Selected Poems of Matthew Arnold*, 1893 oedd y gyfrol ac arni sgrifennodd Robert Hudson *'Tom with my heart's wishes for your happiness in this coming year, and in the long, long roll of years to follow! Christmas 1897 R.A.H.'*

Mae T.E. yn sgrifennu 'Rhyfedd ynte?' oherwydd mai anrheg Annie iddo oedd *The Poetical Works of Matthew Arnold. 1896.*

Er bod Annie wedi'i dyweddïo iddo, teimlai T.E. hi'n ddyletswydd arno i ofyn i'w mam adael iddi ymweld ag ef.

Miss Annie Davies, 20 North Parade, Aberystwyth

Cynlas
Corwen
Dec 27, 1897
Monday

My dearest Annie,

The course of life here is very calm and peaceful. Yesterday we had our usual Sunday — ysgol Sul yn y bore, pregeth gan ein gweinidog yn y prydnawn, a chyfarfod gweddi y nos. Arosais gartre y nos i ddarllen. Mam a minne oedd yr unig rai gartre . . .

Heddyw codais cyn i'r *postman* ddod a chefais fwynhad mawr wrth dderbyn a darllen eich llythyr. Wrth ei ddarllen medrais ddilyn eich hanes ddydd Nadolig a ddoe.

Daeth heddyw lythyr hefyd odiwrth Robt. Hudson. He says that now the house is secured, orders will have to be given as to how we wish the decoration to be finished and when we require possession.

He writes:

'I wrote nothing, by-the-bye, to Miss Davies for Christmas, tho' you would know that my good wish to you are inseparably bound up now with good wishes to her. They always will be.'

He sent me a beautifully-bound volume of 'Selections from Matthew Arnold.' Rhyfedd onide? . . .

Prydnawn da, my lovely messenger, my Nansi, fy anwylyd, fy oll,

Cariad a chusan a chariad

Fyth yr eiddoch

Tom.

[*Hefyd cerdyn post*]

Cynlas
Corwen

27 Dec 1897

Dear Mrs. Davies,

We are all anxious that Annie should come and spend a few days with us here during these holidays. I hope you will allow her to come. There is one matter of rather urgent business which I want to discuss with her. The lease of a little house has been definitely secured and the decorators who have now the house in hand will want orders as to the colour and modes of decoration, and on these points Annie will be my guide.

Many thanks for your kind hospitality to me during my short but very pleasant day last week and with my very best wishes and love to you all.

I remain

sincerely yours

Thomas Ellis.

---

79. Am Moss, gorsaf-feistr y Berwyn gw. *Gweithiau Morgan Llwyd I*. T. E. Ellis 1899. xi.

Miss Francess Buss, ysgolfeistres ac un o arloeswyr addysg i ferched yn Lloegr.

Yr oedd T.E. yn frwd o blaid addysg i ferched.

Miss Annie Davies, 20 North Parade

Cynlas
Corwen

28 Dec 1897

My dearest Nansi,

The description of John's sad condition has greatly disturbed me. The poor boy must be carefully looked after and nursed . . .

I was *full* of gratitude to him for the constant and *invaluable* help which he has given me with Morgan Llwyd. Will you please tell him that I am on the track of a first edition of Tri Aderyn (but not quite complete). A stationmaster at Berwyn named

Moss has it. He is a considerable collector. We shall visit him when John comes here.

I am delighted that you were exhilerated by reading Miss Buss's Life. I dipped into it and found it most interesting. I think you would find it very interesting and profitable gradually to collect the best books written about women and by women . . .

The report of your filling your Journal always gives me delight. Have you entered your impressions of Miss Buss in it? . . .

Today I have been steadily with my dear Morgan Llwyd . . .

The coming of your letter every morning is a great joy to me. It gives a purpose and a calm to my thoughts all the day.

With dearest love and a shower of kisses

Ever yours

Tom.

---

80. Yr oedd Charles Geake yn byw yn Cowley Street.

Miss Annie Davies, 20 North Parade

Cynlas
Corwen
29 Dec 1897

Fy anwyl, dirion Nansi,

Mae heddyw yn ystorom enbyd o wynt a gwlaw, ac yr wyf am gychwyn i'r Bala i gyfarfod Davies, fy ysgrifenydd. I have an enormous pile of letters to reply to on all conceivable subjects . . . Three elections are pending which will be contested with unusual fierceness. They of course add considerably to my correspondence . . .

Will you kindly tell John that the Guild Reprints Committee will be held at Shrewsbury on Jan 13. Will that suit him?

I was much interested in the account of your sketches of Cowley Street. I think a great deal about it and of the problems which cluster around it in one's mind. Mr. Geake sends me word this morning to congratulate himself on his new neighbours! . . .

Prydnawn Da, fy Nansi anwyl . . .

> Gyda chariad lawer a llawer cusan.
>
> Tom.

---

81. Y lluniau a dynnwyd gan Maull & Fox oedd yn yr amlen.

Miss Annie Davies, 20 North Parade

> Cynlas
> Corwen
>
> 30 Rhag 1897

Fy anwylaf Nansi,

Nis gwyddwn yn iawn wrth i'r Postman roddi imi'r llythyrau bore heddyw beth oedd y mawr o Aberystwyth, ond fflachiodd im meddwl mai eich photos oeddynt, ac yr oeddwn yn iawn. Maent yn dda iawn ond y mae Jennie yn dyweud yn bendant nad ydyw yr un or ddau yn gwneud chwarae teg a chwi. Y mwyaf wrth gwrs ydyw y gore, ond nid ydyw y gwir photo ohonoch wedi ei gymeryd eto — ond ar fy nghalon i. Fe gedwir y photos yma nes y deuwch yma yr wythnos nesaf . . .

Davies came last night and we have been at it hammer and tongs . . . We are now doing bits of Morgan Llwyd. I am very glad that you like *Disgybl ar Athraw*. I send some paper. I need not tell you how much obliged I am for your help with these transcripts. Among other things I feel the whole work gets for me an added pleasantness . . .

Nos Da, Annie anwyl, a diolch am eich llythyrau ac am yr heulwen ydych i mi.

> Gyda chariad mwy a chusanau fil,
>
> Yr eiddoch fel arfer
>
> Tom.

Annie yn ei ffrog briodas, 1898.

Annie Davies
a'i chwiorydd
Mary a Lily

Annie yn Rhydychen, yn
nhŷ Gwenogfryn Evans.
Gw. llythyr 11 Hydref 1897

Priodas T. E. Ellis ac Annie J. Davies.

Rhes gefn: Thomas Ellis, Isambard Owen, T. E. Ellis, D. C. Davies, J. H. Davies, Miss Tassie Hartley, W. E. Ll. Davies.
Yn eistedd: Jennie Ellis, Mary E. Davies, Mrs Annie J. Ellis, Mrs Frances Davies, Lily C. Davies, Winifred A. Ellis.
Y plant: Robert Roberts, Dorothy Hudson.

Cynlas, 1897. Winnie Ellis, Tassie Hartley, Jennie Ellis, Tom Ellis, ...?
Annie Davies, ...?

Tom Ellis yn Cannes, Mawrth 1899.
Y llun olaf a dynnwyd ohono.

Fy anwylaf Annie,

Nid oes genyf heddyw ond o'm calon ddymuno i chwi
FLWYDDYN NEWYDD DDA
Cefais deligram oddiwrth Lord Crewe yn gofyn i mi fyned
yno ddydd Llun. Deuaf yn ol ddydd Mercher.

A ddewch chwi yma nawn Iau gyda'r tren sy'n cyrhaedd y
Bala 4.5?

Bydd yma orfoledd a mwyniant i ni oll os deuwch. Wiw i John
feddwl am ruthro i Lunden.

Yesterday 60 letters were handed to the postman. Today I
have dictated about a 100 and written a goodly pile.

Cariad lawer a chusanau fyrdd

Fyth fyth

Tom.

82-83 Dydd Calan.
Edward Davies (1852-1898) unig fab David Davies, Llandinam a
thad yr Arglwydd Davies, a Margaret a Gwen Davies, Gregynog.

Miss Annie Davies, 20 North Parade

Cynlas
Corwen
Dydd Calan 1897 [sic]
[camgymeriad am 1898]

My dearest Nansi,

Your letter was delightful. I enjoyed it very much. From my
head I reciprocate all your good wishes. It will be an eventful
year in our lives, but we shall have to think and plan and act
in faith and do the best we can for shaping our lives to service
and duty.

We are much distressed by the sad news which comes here
daily of the most serious illness of Mr. Edw. Davies Llandinam.
He is sorely stricken in body and mind. It is very, very sad for

his family and for the great enterprises and good causes with which he is associated.

Happily my sister is much better. She wrote us a long letter this morning. Davies and I have been as busy as bees from the arrival of the post till after midnight . . .

I hope you will have a pleasant Sunday, one and all.

Cariad cynes a chusanau lawer

Fyth yr eiddoch

Tom.

Miss Annie Davies, 20 North Parade

Cynlas
Corwen

Sunday
[*2 Ionawr 1898*]

My dearest Annie,

My letter yesterday was some warning of the unspeakably sad news of the death of Mr. Davies, Llandinam.

To be struck down in the flower of his days and in the heyday of his public service is a sad and mysterious blow.

I go tomorrow to Lord Crewe's. My address tomorrow and Tuesday will be

Crewe Hall
Crewe.

Good Day, my dear dear Nansi,

With much love

Tom.

---

84.   Miss Annie Davies, 20 North Parade

Cynlas

Corwen

Gorsaf Caer

Nawn Llun

3 Ion 1898

Fy anwylaf Annie,

Wele fi yma ar fy ffordd i Crewe, ac ychydig hamdden i anfon
gair o anerch ac o gariad attoch. Nid ydwyf yn teimlo mewn
rhyw ysprydoedd uchel iawn — nid yw teithio yn y gauaf a cholli
amser mewn *railway stations* yn tueddu i godi ysbrydoedd dyn.
Buasai well genyf fod gartre gyda'm gwaith a Morgan Llwyd
na bod yn myned i Crewe. Mae meddwl am gladdu Mr. Davies
ddydd Iau, hefyd, yn tristhau ac yn difrifoli dyn. Af o Crewe
i Drewythen ddydd Mercher a deuaf oddiyno i Gynlas nos Iau
neu ddydd Gwener.

   Mae'n siomedigaeth fawr nad ydyw John yn dod i Gynlas.
Yr oeddwn wedi edrych ymlaen at ei weled, a chael ymgomio
ar lawer o faterion. A fedrai ddim dod i Gynlas tan ddydd
Llun?. . .

With deepening love and many kisses

Ever yours

Tom.

---

85.   Miss Annie Davies, 20 North Parade

Tuesday

4 Jan 1898

Crewe Hall

Crewe

My dearest Annie,

Diolch yn fawr am eich llythyr. Yr oedd yn siriol a dyddorol
iawn.

Arrived here at 5.0 yesterday, found Lord Crewe tightly bandaged, pale and rather subdued. There is a large house party here . . .

This afternoon we drove to see the great Crewe Railway works — wonderful & interesting.

The house is gorgeous. It was built in James I's time, burnt some 30 or 40 years ago, but rebuilt exactly like the old. The galleries, the panelling and the carving and decoration are simply splendid. There is one room full of pictures by Sir Joshua Reynolds. There is also a very nice Private Chapel in the House with service every morning at 9.15 just before breakfast. I liked it much.

Tomorrow I go to Trewythen. It is very, very sad to think that one is going to Mr. Davies' funeral.

Good afternoon, my love

Gyda'm cariad am cofion anwylaf

Yr eiddoch fyth

Tom.

A ydych wedi perswadio John i ddod i Gynlas am y Sul?

---

86. 5 Ionawr.
   The little girls — Gwen a Margaret Davies
   Emrys — mab Mary.

Miss Annie Davies, 20 North Parade

Trewythen
Llandinam
Jan 5, 1898

My dearest Annie,

Just arrived. Pouring rain. Very sad to hear of the last troublous week of Mr. Davies' illness. Mrs. Davies and the children, especially the little girls, are very distressed.

Mary is much better. She went to Plas Dinam this afternoon. Emrys is most lively. He has grown so much that I should not have known him.

Best love, my dearest

Ever yours

Tom.

Shall probably stay here till Friday.
Winnie very well.

---

87. 14 Ionawr.
    Bu Annie yn aros yng Nghynlas hyd 22 Ionawr. Yn Llandudno yr oedd T.E. pan sgrifennodd, a dyna lle'r oedd y *parade*.

Miss Annie Davies, Cynlas, Corwen

[*Marc post Llandudno*]

14 Jan 1898

My dearest Nansi,

A word of love and to say I am very well. Had an excellent meeting last night — room overcrowded. The Festiniogites are very pleased and today one bookseller had huge placards in his windows:

A GLYWSOCH	LLYFR	CAMPWAITH
CHWI	Y	MORGAN
MR T.E.E.	TRI	LLWYD O
NOS IAU ION 13?	ADERYN	WYNEDD

I stayed with Mr. G.P. Jones at Blaenddol. This morning we went to see the Parish Registers of Festiniog then to see 'Pulpud Huw Llwyd' then to see Cynfal — all very interesting. Got some quite valuable information.

It was a superb morning and it was a privilege to be alive and in the open air. The Conway Valley too looked its best as the tide was at its height and the mellowed sunshine on the hills. I have just had a good hour's walk on the Parade. It was a joy

133

to be by the sea but it deepened my hiraeth for a sea-girl now on the hills . . .

Good night my love my Annie

For ever and ever yours

Tom.

---

88. 23 Ionawr.

Isambard Owen, gw. Llythyr 9 Mai 1897.

Arthur C. Humphreys-Owen (1836-1905) A.S. Rhyddfrydol dros sir Drefaldwyn 1894-1905; hyrwyddwr Prifysgol Cymru.

John Morley (1838-1923) A.S. Ysgrifennydd dros Iwerddon.

Richard Burton Haldane; amdano dywedodd T.E. 'Aeth ef a minne gyda'n gilydd trwy ddwr a thân yn amser ffurfiad Gweinyddiaeth Arglwydd Rosebery.' Ef oedd cadeirydd Comisiwn Prifysgol Cymru 1916. Gw. Llythyr 9 Mai 1897.

Miss Annie Davies, 20 North Parade

Nawn Sul

Ion 23, 1898

Tring Park

Tring

My lovely Nansi,

Ah! How I have longed to see you today and to spend happy hours in your company.

My journey yesterday was fairly pleasant. Up to Shrewsbury I met constituents and others with whom I chatted though I often thought of your making your way back to Aberystwyth. Just as I finished lunch who should come in (at Shrewsbury) but Isambard Owen and Humphreys Owen. We chatted and then after bidding goodbye to H.O. Isambard and I travelled together to Cheddington (the next station to Tring) where I had to change. It was very pleasant indeed to have such jolly company.

When I arrived here I found a small but very nice company — Mr. John Morley, Mr. Haldane, Sir Francis Mowat (Head of the Treasury) and Oliver Borthwick, son of Lord Glenusk proprietor of the *Morning Post*. The Rothschilds were all very pleasant so dinner and the after dinner chat went off very merrily.

This morning it was perfectly beautiful sunshine so John Morley, Haldane and I sallied forth for a long walk . . .

After lunch Miss Rothschild and I had a long and very enjoyable walk through woods and lanes. She is very interesting and nice and a merry, pleasant talker, I had my Kodak with me so I took a couple of snapshots of the house and two of her. She wished us great happiness.

Well, my darlling Annie, I hope you enjoyed your visit to Cynlas. We all immensely enjoyed your coming and I shall never forget the happy hours.

Prydnawn Da, fy anwylaf Annie, gyda chariad lawer a llawer cusan

oddiwrth

Tom.

---

89. R. A. Hudson. Gw. Llythyr 30 Mai 1897.
Charles Geake. Gw. Llythyr 29 Awst 1897.

Miss Annie Davies, 20 North Parade

38 Ebury St.
S.W.

25 Ion 1898

Fy anwylaf, dirionaf Nansi,

Deuais yma 11.0 bore ddoe a than 7.0 neithiwr pan ddaeth John yma ni chefais funud o hamdden i anfon gair attoch chwi na gartref nac i ddiolch am garedigrwydd y Sul. Yr oedd yma un afon o bobl yn dod yma ar bob math o neges. Cafodd John a minne ginio ac ymgom ddifyrus iawn ac yna gelwais i anerch Mary a Walter . . .

Mil diolch i chwi, Annie bach, am eich dau lythyr. Yr oeddynt yn balm, yn feddyginiaeth ac yn heulwen i mi . . .

When I got to my rooms last night I opened a wooden box and found a pair of sumptuous, gold-mounted decanters from Lord and Lady Rothschild. They had been there since Friday and I went through my visit in ignorance of their being there and therefore of course without any word of thanks to the kind givers!

Tomorrow I go to see 9 Cowley Street and to consider its requirements. I hope to send you a report of my visit.

Mr. Hudson and Mr. Greake are tenderly inquiring for you.

Prydnawn Da, my lovely Nansi.

Gyda'm cariad ddiffuant a chusan

Yr eiddoch hyd byth

Tom.

---

90. 26 Ionawr.
9 Cowley St. Gw. Llythyr, 15 Rhagfyr 1897.

Miss Annie Davies, 20 North Parade

38 Ebury St.

Nawn Mercher (26 Ion, 1898)

Fy anwylaf Nansi,

Diolch yn fawr am nodyn y Post bach ar newydd da fod Lily yn well ac yn sirioli.

Bu Robert Hudson a minne yn fanwl drwy 9 Cowley Street heddyw. Mae eisioes wedi newid llawer ac y mae yn edrych yn well o lawer. Nid oes eisieu *wall paper* ar *dining room* ac ar ran or *staircases*. Gwyn fydd y lliw drwy y rhan fwyaf or ty . . .

Anfonaf eto nifer o *points* ynghylch y ty.

Prydnawn Da, fy anwylyd

Gyda chariad a llawer cusan

Fyth yr eiddoch

Tom.

---

91. Cyfeiria'r toriad o'r papur newydd at ei brawd John a'i chwaer Sara.

Yr oedd golau trydan yn dal yn weddol anarferol mewn tai.

Miss Annie Davies, 20 North Parade

Liberal Central Association
41 Parliament Street
London S.W.

27 Ion 1898

Fy anwyl, anwyl Nansi . . .

The 'announcement' is mere gueswork.* It was said by the *Goleuad* and has been repeated by other papers. The papers think people are interested in our movements. After seeing the House and finding how advanced they are with it I am more and more inclined to Whitsuntide and I am very glad that your mother thinks that, on the whole, a suitable time.

I am giving instructions to have some of the electric light fittings changed especially in the dining room, and I think I shall get ground glass windows of clear glass in the dining room windows.

I like the hall more and more. It will be a pleasant feature of the house. I am much puzzled as to which of those subterranean rooms will be the larder! The fireplaces and grates are much nicer than I thought they were and I am not quite sure whether they should be changed. Have you views on kitchen ranges? They think of putting in an '*Eagle* range'. Is that good?

With regard to the paper for the drawing room, what is your view as to the prevailing colour. Hudson is strong on yellow ('plenty of sunshine') with a *dark carpet*. That is his experience as a London householder, but what is yours?

Best love, my darling Annie

With love and love and kisses and love

from
Tom.

'Priodas Seneddwr Cymreig
Y mae un o'r aelodau seneddol Cymreig mwyaf hysbys ar fedr tori
ei hen lancyddiaeth; ac ymuno mewn glân briodas gydag un o
rianod hawddgar Ceredigion — o deulu cyfrifol, a'i chwaer a'i
brawd yn llenorion o fri.'

---

92. 28 Ionawr.
'. . . photo of the three maids'. Anfonodd Annie lun ohoni ei hun
gyda Mary a Lily a dynnwyd yn 1887.
Friendship llyfr o ysgrifau ar gyfeillgarwch gan Hugh Black.

Miss Annie Davies, 20 North Parade

42 Parliament Street
London S.W.

Nos Wener
Ion 28, '98

My own lovely Nansi,

The post left today without my having a chance of sending you
a greeting. I had to leave the office at 1.0 to see the House Agent,
then a Cardiff Convention Committee, then a brief visit to
Llewelyn Williams, then to Isambard Owen on University
business. I dined with him at the Arts Club and we have had
a most pleasant evening.

I asked him to be my best man and he consented with evident
and joyous satisfaction.

I have, my darling Annie, great tides of hiraeth to see you
and to be with you. Many thanks for letting me have for a time
the photo of the three maids. It is very well printed and I much
enjoy looking at it . . .

I have not seen Black's *Friendship* but I am very glad you
like it. I hope you enter in your Journal your impression of books
and of your own thoughts and profiad from time to time.

Since I am in London I have hardly done any reading. I am sorting and arranging papers for a good part of each night.

Good night, my love, my Nansi

Gyda llawer cusan a chalon gynes, gyson

Tom.

---

93. 1 Chwefror.

Miss Annie Davies, 20 North Parade

41 Parliament Street
London

Bore Mawrth (1 Chwefror)
Oriau man y bore

Fy anwylaf Annie,

Nis gallaf fyned i gysgu heb anfon gair byr o gariad calon attoch. Nid oes genyf fawr o newydd na phrofiad. Neithiwr ar ol gadael Chancery Lane eis i swper at Mr. Hudson. Teimlo yn lled *limp* yr oeddym (yr oedd y tywydd yn neillduol farwaidd a thrwm) ond cawsom noson dawel bleserus iawn. Buom yn siarad cryn lawer yn eich cylch ac wrth gwrs rhoddwyd tro ar anghenion a dyfodol 9 Cowley St. Bum yno y bore heddyw yn setlo lle i roi yr *electric light fittings* a sut i drin y ffenestri ar muriau ac felly yn y blaen. Rhyw brofiad rhyfedd iawn ydyw i mi. Ond y mae rhyw ddyddordeb ynddo, er yr wyf yn sicr y gwnaf lawer o gamgymeriadau rhyfedd. Ond felly mae cael profiad. Nid ydyw i'w gael, mwy nac unrhyw beth arall, heb dalu am dano rywfodd neu gilydd.

Yr oedd yn *dda iawn* genyf gael eich barn ar wahanol bynciau yn eich llythyr tra dyddorol gefais, fel yn yr amser gynt, nos Sadwrn. Anfonaf cyfres o gwestiynau eto a digon tebyg mai gofyn i chwi ddod i fyny eich hun fydd y diwedd! . . .

Wel, nos da, fy anwylyd, fy mhrenhines,

fy nghariad anwyl, anwyl,

Fyth yr eiddoch

Tom.

---

94.   Miss Annie Davies, 20 North Parade

38 Ebury Street

Un o'r gloch y bore

(Chwe 2, 1898)

Fy anwylaf, dirionaf Annie,

Gair bach a byr heno cyn myned i orphwys. Yr wyf wedi bod
yn lled brysur heno gyda Morgan Llwyd. Yfory bydd y rhai
canlynol yn myned i Fangor fel *first instalment:*

   Y Tri Aderyn
   Lazarus and his Sisters discoursing of Paradise
   Where is Christ?
   Yr Ymroddiad
   Disgybl a'i Athraw
   Cyfarwyddid ir Cymru
   Gwyddor Uchod
Wedi hyny caiff Llythur ir Cymru cariadus
   a Gwaedd yng Nghymru
fyned, ar ol i mi adolygu ychydig yn ychwaneg arnynt. Yna
anfonir y *Gair or Gair.* Ond yr wyf yn disgwyl darganfod (drwy
John) First Edition os oes modd yn y byd. Camgymeriad ydyw
yr haeriad yn y *Manchester Guardian.* Nid ydwyf yn rhyw hoffi
llawer ar y *Gair or Gair.* Credaf mai cyfieithiad ydyw.

   Bydd genyf wedi hyny ei ganeuon, hymnau a'i lythyrau.

   Ac yn olaf anfonaf fy Rhagymadrodd. Parhau i ystyried
uwchben hwn yr ydwyf gan beunydd gywiro ac ychwanegu.

   Yr oedd edrych dros yr oll a ysgrifenasoch o Morgan Llwyd
i mi yn eich anwylo fwy yn fy ngolwg a'm calon nac erioed,
ac yr oedd fy hiraeth am danoch yn ddwys, ddwys . . .

Good night, my darling Nansi, my own love,
      Gyda chariad cynes a chusan
        Yr eiddoch hwyr a bore
          ddydd a nos

                Tom.

---

95. 2 Chwefror.
   Yn ddiweddarach yr un diwrnod.

         Miss Annie Davies, 20 North Parade

                   Liberal Central Association
                   41 Parliament Street

                              Feb 2

My dearest Nansi,

This is what Geake culled from the *Sheffield Independent* today
and in great glee brought to me.

         [*Toriad papur newydd wedi ei bastio yma*]

Miss Davies, the young Welsh maiden whom Mr. Tom Ellis,
the Chief Opposition Whip, has asked in marriage, is
represented to me by one of the hon. Gentleman's personal
colleagues as being as 'pretty in face as she is charming in
manner and bright in mind.' The announcement that the
nuptial day is to be about Whitsuntide has deepened interest
in the event itself, and whispers are already heard in
Opposition circles of plans for suitably recognising in a
practical form on this auspicious occasion in his own life Mr.
Ellis' services to the Liberal party since he became its first
Whip. More will be heard of this next week.

How are you?
   Am still busy. Off to Cardiff tomorrow. Best love.

                Ever and ever

                   Tom.

---

96. 6 Chwefror.
'y disgwyliwr distaw' gw. Llythyr 4 Gorff. 1897.
Sylwodd T.E. mor wahanol oedd Sara i'w chwiorydd a gweddill
y teulu. Ni chymeradwyai ei mam ei gwaith yn sgrifennu ac yn annerch
cyfarfodydd cenhadol. Er mai Saesneg oedd iaith ei chartref, Cymraeg
rhugl a thafodiaith Llangeitho sydd yn ei llyfrau.
Ym Mhrifysgol Glasgow y graddiodd J. M. Saunders.
Am araith D. Lloyd George gw. *The Forerunner*. Td. 264.

Miss Annie Davies, 20 North Parade

38 Ebury St.

Nawn Sul
Chwef 6, 1898

Fy Nansi anwyl, anwylach o hyd,

Pan yr oeddem neithiwr — Mary, John, Walter a minne — yn
Chancery Lane yn ymgomio, daeth llythyr i mewn i Mary.
Hawdd oedd canfod cyn hir mai oddiwrth Lily yr oedd
oherwydd yr oedd yno don ar ol ton o sirioldeb ac o wenau ar
wyneb Mary. Yn gynar yn y llythyr dywedasai eich bod chwi
yn brysur yn ysgrifenu attaf fi 'quite oblivious of mother's
presence and mine'. Teimlais yn falch drwyddof wrth feddwl
y byddai yno yn fy aros yn fy ystafell lythyr oddiwrth fy nghariad
hawddgar, dirion anwyl, anwyl. Deuais adre yn ysgafndroed
a dyna lle oedd eich llythyr. Diolch i chwi, Annie anwyl, am
dano, am bob gair o honno, ac am y ddau gusan sydd genych
yn barod i mi. Mae arnaf hiraeth calon eisiau eich gweled ond
ymdawelaf. 'Gwyn fyd y disgwylwyr distaw' . . .

I enjoyed my brief visit to Penarth very much. Although I
felt that they live in a different current of ideas, thought, and
activity from me, yet I think we should become good friends.
Sometimes as I looked at your sister she seemed like you all,
but at other times she seemed very unlike as if she belonged
to another family. I think there is much insight and courage
in Mr. Saunders and can quite believe that he is capable of
exercising much quiet influence.

With regard to their kindness in bringing a present I prefer
to leave the matter in your hands. I am not much of a

Barrie-ite so that I should personally prefer some piece of silver of your choice.

Many thanks for the extract from the *Queen* with its Nansi at sweet seventeen and the description of our future little home. You must have been very much amused and interested.

I am delighted that you find time for reading. The friendship of books is an immense strength and solace and a source of very pure joy . . .

> Prydnawn da, my love, my lovely Nansi
> Gyda chariad a llawer cusan
> Yr eiddoch bob amser
>
> Tom.

---

97. 8 Chwefror.
Mrs Asquith, neé Margot Tennant.
Ymhen y flwyddyn dyma oedd sylw Annie wedi iddi fod yn cael cinio gyda hi: *'A wonderfully vivacious woman. Every nerve seems to be strung to the utmost. No qualms has she of expressing her views.'*

> Miss Annie Davies, 20 North Parade
>
> Dydd agor y Senedd
> [*Marc post Chwef. 8*]

Anwylaf Annie,

Un gair o gariad cynes o ganol rhyferthwy diwrnod cyntaf y Senedd. Mae yma rywun yn fy ystafell bob munud.

Yr wyf yn cymeryd ambell i haner awr neu awr i geisio *settlo* pynciau dyrus mewn cysylltiad a 9 Cowley St.

Sut mae Jennie? A ydyw hi a Lily yn ymddwyn yn weddol? Yr wyf yn cael llawer o holiadau yn eich cylch. Mae Mrs. Asquith eisiau eich adnabod yn fawr.

Wel, prydnawn da, fy Nansi anwylaf, gyda chariad lawer, lawer, ac aml gusan

> Yr eiddoch byth a hefyd
>
> Tom.

---

98. 9-10 Chwefror
Yr ail baragraff yn dangos fel yr oedd T.E. yn gor-drethu ei gorff.
Ar 12 Chwefror sgrifennodd T.E. at Winnie ei chwaer: '. . . *I am gradually getting wall papers and electric light fittings in 9 Cowley St. If it is ready by Easter, will you come and keep house for me till Whitsuntide? Think of this and let me have your views?*

Jennie seems to be enjoying herself at Aberystwyth. She has struck up a great friendship with Lily . . .'

Miss Annie Davies, 20 North Parade

38 Ebury St.

Nos Fercher — Bore Iau

Chwef 9-10, 1898

Fy Nansi hoffusaf,

Pe buasech yn gwybod y pleser a'r mwyniant ar cysur y mae pob llythyr a gair oddiwrthych yn ei roddi i mi, ni buasech yn gofyn dau gwestiwn yn y llythyr cariadus, prydferth, melus oedd yn fy aros adref heno. Credwch fi, unwaith am byth, fy mod yn hoffi pob gair anfonwch attaf a bod pob llinell oddi wrthych a phob meddwl am danoch yn gwneud i mi eich caru a'ch anwylo yn fwy angerddol a diffuant nag erioed. Felly agorwch eich calon a'ch meddwl yn rhydd, gan gredu fod pob gair neu ddadganiad o newydd, o brofiad, o awgrym, o ofyniad, o gofion, o gariad oddi wrthych chwi fel diliau mêl i mi.

Gofidus iawn genyf nad yw fy llythyrau attoch mor llawn ac aml ag y dymunwn. Ond o ddeg i[sic] bore hyd un o'r gloch y nos yr wyf wrthi yn brysur bron bob munud. Pan ddeuaf yma o'r Ty ar ddiwedd y dydd byddaf bron yn rhy flinedig i fyned i'm gwely ac yn ofnus yn aml fod fy ymenydd yn rhy brysur i mi fedru cysgu, ac yn aml byddaf yn deffro yn y bore yn gynnar a'm meddwl yn gweithio yn brysur a nwyfus gyda rhyw anhawsder neu bryder. Pam felly, y fath balm a meddyginiaeth a sirioldeb ydyw cael dalen lawn, fyw, deimladwy o fywyd dyddiol y llances anwyl, dirion, hardd wyf yn ei charu uwch law unrhyw un o greaduriaid Duw.

Peidiwch, gan hyny, ac awgrymu yn eich llythyrau nac am foment feithrin yn eich meddwl fod unrhyw air yn eich llythyr yn ddim ond mwyniant ac anwyldeb i mi . . .

I am *delighted* too that you and your mother are coming up. You would be amused to see my perpelxity in trying to decide between hundreds of patterns of wall-papers, and of electric light pendants and brackets and standards. I am looking forward and planning for my visit to look upon your face and love you more than ever.

I receive a very large number of most kind and cordial good wishes every day from both sides of the House . . .

Cariad a chusan cariad

oddiwrth

Tom.

---

99. 10 Chwefror

Y *country house* y cyfeirir ato yn y dyfyniad oedd Tring, cartref yr Arglwydd Rothschild. Gw. *Cofiant II.* 273.

Miss Annie Davies, 20 North Parade

10 Chwef '98

Anwylaf Nansi,

Sut yr ydych heddyw?

Wele ddau air o'r *Westminster:*

[*Toriad papur newydd*]

Mr. R.N. Hall — who was once a Liberal official at Cardiff — has been interviewing Mr. Rhodes, and a casual reference to Mr. Thomas Ellis elicited from Mr. Rhodes the statement, 'Yes; I know Mr. Ellis, the Whip, and have a very great admiration for him.' Mr. Ellis, it may be interesting to add, has twice been to the Cape, and on both occasions met Mr. Rhodes.

On his last visit — just after the 1895 General Election — Mr. Ellis dined with Mr. Rhodes at Groot Schur, amongst the other guests being Colonel Frank Rhodes. When Mr. Ellis and Mr. Rhodes next met it was a country house in England and Mr. Rhodes laughingly chaffed the Chief Whip with being 'in it' since the Raid had been discussed after dinner when they had dined together at Capetown. It need hardly be added that this was after Mr. Ellis had left Groot Schur for his hotel in Capetown — where Mr. Lionel Phillips, by the way, was also staying.

Swn murmur dibaid y *Lobby* sydd i'w glywed. Mae Mr. Hudson yn cofio attoch yn garedig iawn. Prydnawn da, Nansi bach anwyl.

Gyda chariad gloew

Tom.

---

100. 11 Chwefror
Aeth T.E. i'r *Pantomime* fel un o westeion Geake oedd yn mynd â Dorothy Hudson yno.
John Burns (1858-1925) A.S. dros Battersea 1892-1915. Arweinydd llafur.

Miss Annie Davies, 20 North Parade

42 Parliament Street

Nos Wener
Chwef 11, 1898

My own lovely Nansi,

Your letter did me good. Twymodd fy nghalon a'm teimlad drwyddof wrth ei ddarllen ac wrth feddwl am danoch.
Heddyw yr wyf wedi cael diwrnod amrywiol iawn:-

10.15 to 11.15	yn 9 Cowley St. Yn ymdrin ynghylch gwahanol bethau.
11.15 to 1.0	gwaith yn Parliament St.
1.0 to 1.15	Lunch gyda Geake
1.30 to 3.30	PANTOMIME — Drury Lane — 'Babes in the Wood'. Yr oedd gan Dorothy barti o 15 o'i chyfeillesau bach yno
4.30 to 7.30	A very nasty and trying Irish debate in Commons
7.30 to 9.45	Welsh debate on a motion of Herbert Lewis. I spoke for 15 minutes without preparation and without a note. It was a

quiet conversational little speech but it may do a little good.

9.45 to 11.45   At work in my room but happily I got a pleasant and leisurely cigarette with Herbert Lewis

Then walked home with John Burns, to find here your cheering, loving letter.

My darling Annie, I long to see you and to be with you to show how I love you. I do not feel tired or weary tonight, but happy.

Good night with many a fond kiss

from

Tom.

---

101. 13 Chwefror
Dylanwadodd gweithiau John Ruskin yn drwm ar T.E. 'oaken bit of furniture', cwpwrdd derw deuddarn.

Miss Annie Davies, 20 North Parade

42 Parliament Street

Nos Sul
Chwef 13, 1898

My loved and lovely one,

I have not much to say tonight and even if I had I think you would not desire me to write at length but would rather wish me to go to bed and continue my day of rest.

But I must send a word of thanks for your last night's letter. It gave me cheer, rest, joy of heart, warmth of human emotion. It was like a kiss from you.

This day fortnight, all being well, I hope to live with you. I am looking forward to it every hour . . .

This evening I have spent with Robt. Hudson. Gatty and Geake were there. We went over 9 Cowley St. And discussed various domestic points. As you may imagine we spent a most pleasant evening, finishing up with readings from the poets and especially from Ruskin. Ruskin is grand.

I am so interested that you are going to visit Cwrtmawr this week. Please take the measure of your oaken bit of furniture and let me know its breadth and height and depth so as to see how it would fit in the dining room.

Please give my love to your mother, to the two chatterers Lily and Jennie, and to my Nansi, my darling, my queen, I send devoted love, a heart's outpouring of love, and a fond kiss.

Ever and ever your

Tom.

---

102. 14 Chwefror
Yr oedd Mrs Acland yn awdur rhai llyfrau i blant.

Miss Annie Davies, 20 North Parade

42 Parliament Street

Nos Lun

Chwef 14, 1898

My dearest Pwt bach,

Gair o gariad cyn gorphwyso. Er fod y diwrnod wedi bod yn un prysur nid wyf yn teimlo yn flinedig. Yr wyf wedi bod yn meddwl ac yn hiraethu llawer am danoch drwy y dydd. Cefais ychydig hamdden i anfon gair at Mrs. Acland yr hon anfonodd lawer o gwestiynau yn eich cylch. Mae hi a Mr. Acland yn dyweud eu bod yn meddwl llawer am danoch ac yn cofio yn gynes attoch. Nid ydynt yn dda o gwbl ac y maent yn meddwl myned ir Cyfandir am hir. *Ysgrifennwch lythyr chatty atti.* Rhoddai lawer iawn o fwyniant iddynt. Dywedais wrthi am y ty ac y byddem yn ol pob tebyg yn priodi yn yr wythnos olaf yn Mai.

Your letter gave me great pleasure. It was light-hearted and affectionate and happy.

My love, deep, strong, true to you my Nansi, my bonnie girl, my angel

Fyth yr eiddoch

Tom

148

103. 15 Chwefror
Alfred Thomas (1840-1927) A.S. Rhyddfrydol dros Orllewin
Morgannwg 1885-1910. 1912 Baron Pontypridd, gw. *Cofiant II* 285.
Y *Journal* hwn a losgwyd gan Annie.

[*Amlen heb fod trwy'r post*]
An Dafis, Rhodfa'r Gogledd 20

42 Parliament Street
London S.W.

Tuesday
Feb 15, 1898

My own true Nansi,

It is comparatively a quiet morning with me. Tonight again we
shall be plunged into controversy and the bustle of a big
Division. The Welsh members tonight choose a Chairman —
the choice, by a curious intermingling of motives, will probably
fall on Alfred Thomas. It is rather a lame conclusion.

How is your Journal progressing? I hope you are jotting down
your *profiad* and thoughts and resolutions and incidents.

Bore da, fy nghariad anwyl, anwylach o hyd,
anwylaf o bawb
Fyth fyth yr eiddoch

Tom.

---

104. 16 Chwefror
Dydd pen-blwydd T.E. Nid yw'n wybyddus pa anrheg a roes Annie
iddo.
John Morley. Gw. Llythyr 23 Ionawr 1898

Miss Annie Davies, 20 North Parade

38 Ebury St.
S.W.

Hwyr fy nydd pen blwydd [*16 Chwefror*]
1898

'Please convey to Lily and to Jennie my love and my most cordial thanks for their letters and tokens of good wishes. T.'

Fy anwylaf Annie,

Mae fy nghalon yn rhy lawn heno i ddyweud fawr. Cefais ddymuniadau gwir garedig oddi cartref, oddiwrthych chwi yna, o Drewythen, ac oddiwrth gyfeillion. Nid yn aml y bu fy nheimladau mor ddrylliedig.

Diolch o galon i chwi, Nansi anwyl, am eich llythyr hoffus cariadus, am eich dymuniadau da, ac am eich anrheg hardd.

Cefais, gydag anrheg fechan, lythyr oddiwrth Mam a Winnie sydd wedi treiddio i gysegr mewnol fy yspryd.

Oddiwrth Robert Hudson daeth 'Sesame and Lilies' gyda'r nodyn canlynol:

'My dear Tom,

I should like to give you some little birthday gift, so from the small store of books which belonged to my dear wife I select one, a volume of Ruskin for which she cared very much.

Please accept it.

Ever

Robt.'

While I live, I shall prize and treasure a book which her hands have touched, and which kindled to joy and sympathy her pure and beautiful spirit.

Last night John Morley and I dined together alone and then he came for his coffee and smoke and chat to my room in the House. We had thus several hours of most confidential, frank, and interesting conversation. He told me very many things about his present thoughts, about the past and about his own future which interested me intensely . . .

I am extremely glad you had such pleasure in reading John Morley's address. I wrote to thank him for it on Monday. It gave him great pleasure to know that his Address was helpful.

Wel, diolch etto i chwi, fy anwylyd, fy heulwen, am yr oll ydych i mi, ac am eich dymuniad a'ch gweddi ar fy nghalon.

Mae fy meddyliau olaf bob nos yn gorphwys arnoch a'm meddwl cyntaf ar fy neffroad bob bore yn eich cyfarch.

With tender, strong love and with kisses of devotion

from

yours more and more

Tom.

---

105. 20 Chwefror

Goscombe John (1860-1952) cerflunydd; ef a wnaeth y cerflun o T.E.E. yn y Bala.

Y Parch. William Eliezer Prytherch (1846-1931) gweinidog Triniti (M.C.) Abertawe 1894.

John Bryn Roberts (1848-1931) A.S. dros Ranbarth Eifion, sir Gaernarfon 1885-1906, Barnwr llys sirol Morgannwg.

William Bowen Rowlands (1839-1906) A.S. Rhyddfrydol dros sir Aberteifi 1886-1895. Barnwr sirol.

Miss Annie Davies 20 North Parade

38 Ebury St.

Hanner Nos
Nos Sul
Chwef 20, 1898

Fy anwylaf, dirionaf Nansi,

Yr wyf newydd ddywedud NOS DA wrth John yr hwn a ddaeth i'm danfon i ganol Victoria St. Yr wyf wedi cael Sul tawel a hapus. Darllenais yma yn y bore, eis erbyn cinio i dy Ellis Griffith (16 Avenue Rd., Regent's Park). Mae Mrs Griffith a'r ddau blentyn bach wedi bod yn dioddef dan yr *influenza* ond wedi gwella. Gelwais wedi hyny yn Woronzow Studios gan ddisgwyl gweled Mr. Goscombe John ond nid oedd yno . . .

Your long, charming, candid letter awaited me last night gave me great delight and joy, and filled me with a greater love for you than ever. I am sorry you had such adverse weather for your Cwrtmawr visit but I feel that you enjoyed it very much. I am so glad.

The dinner last night at the N.L.C. to Mr. David Edwards, the new manager of the *Daily News* was very enjoyable. I was in the Chair. Mr. Allen Upward in a most humorous speech proposed the toast of the Welsh M.P's. George, Herbert Lewis & Ellis Griffith responded. Bryn Roberts proposed the Press. Bowen Rowlands proposed my health in a most kind, amiable speech, finishing with a charming reference to you. Altogether it was a most enjoyable evening.

I hope you have had a most pleasant Sunday. I have been thinking of you and of our love all day. Most heartily do I join in the wish expressed in your letter.

If all be well, I shall this week see you and be with you. Oh the joy of it!

Good night, my love, my beacon light, my strength,

With deep, strong love and with a fond, fond kiss
from
your
Tom.

———————

106. 21-22 Chwefror
Yn ei lythyr at Winnie, 15 Chwefror dywed: '. . . *Next Monday is Lord Rosebery's dance for his two daughters. An invitation card came yesterday — "To have the Honour of meeting H.R.H. The Prince of Wales . . . a very small dance." I think I shall look in!'*

Mr & Mrs Spender, J.A. Spender, hanesydd a newyddiadurwr ar y *Westminster Gazette*.

Miss Annie Davies, 20 North Parade
42 Parliament Street
Nos Lun
Chwef 21/22, 1898

Fy anwylaf Annie,

Yr wyf newydd gyrhaedd o ball Lord Rosebery. It was, of course, a brilliant affair. Everybody who is anybody was there — though thousands would give their eyes to be there. I went there with Sir Edward Grey who takes a very sensible view of these functions. I had a short and very pleasant chat with Rosebery. 'Well, my dear Tom.' Was his first question 'is this the farewell to your bachelorhood?' He admitted that he was bored with it all, but he moved about and sparkled and acted the host with consummate ability. Lady Sibyl looked very nice. She was — comparatively — simply dressed. H.R.H. danced vigorously and seemed to enjoy it all . . .

Many thanks for your loving letter received this morning. Among many others who enquired for you tonight were Mr. & Mrs. Spender, and I received cordial good wishes from very many.

> Wel, nos da, fy anwylyd, fy hoffus, gariadus Nansi,
> Gyda chariad a chusan a chariad a chusan
> Fyth yr eiddoch
>
> Tom.

---

107. Arnold Morley, Prif Chwip y Blaid Ryddfrydol 1886-92.
Mrs Brynmor Jones; gwraig David Brynmor Jones, barnwr sirol, aelod o Gomisiwn y Tir 1893-96.

Miss Annie Davies, 20 North Parade

> 38 Ebury St.
> Nos Fawrth
> Chwef 22, 1898

My lovely Nansi,

I have no materials for a letter tonight, and I feel that the happy, happy time when I can feel the throbbing of your heart and rest in the sunshine of your love is now drawing so near that writing seems a cold and formal method of greeting you. But I was never more impatient to get to my rooms to see if there was a sweet, loving message from my darling there tonight. And there it was on the table to give me a silent, fond welcome; and here it is before me now. Thanks, thanks to you, my bonnie and winsome Annie . . .

Today has been a very quiet day. Robert Hudson came up to my room this morning and we had a very pleasant chat — partly political, partly domestic.

It was then that I learnt that the unknown friends who have bought for me the lease of 9 Cowley St. Are

Sir John Brunner
Lord Rendel
Lord Tweedmouth
Lord Rosebery
Arnold Morley

Please keep this *secret*. They wish it. Indeed I think I am not myself supposed to know. You will be surprised to know the sum which they have paid for it. I shall tell you when we meet . . .

Nos da, fy nghariad anwyl,

Fyth fyth yr eiddoch

Tom.

Please send a word to Mrs Brynmor Jones.

———————

108.   Miss Annie Davies, 20 North Parade

Nos Fercher
Chwef 23, 1898

My sweet Nansi, my lovely one, my own,

I am very, very sorry that you should have had such severe headache. I do hope that by this time you are much better. How I wish that I were near you to try to soothe the pain. The hours are swiftly gliding by, and, all being well, the longing of my heart to be with you will be satisfied soon . . .

I think I chose some rather nice wrought iron brackets and pendant for the electric light in the dining room, but I have not made up my mind about those for the drawing room. I have spent some hours tonight on Morgan Llwyd. John has been helping me again in a most valuable way and I have, I think, been able to fill up to some extend a gap in the history of Morgan Llwyd's life . . .

Wel, nos da, fy nghariad hawddgar, anwyl.

Gyda chariad dwfn a dwys ac aml gusan

yr eiddoch hyd y diwedd

Tom.

---

109. Yr oedd £14-£16 y flwyddyn yn gyflog arferol i forwyn yn byw i mewn.

Bronallt, Dinbych oedd cartref Thomas Gee.

Miss Annie Davies, 20 North Parade

41 Parliament Street

Nos Wener

2.0 yn y bore

Mawrth 4, 1898

My sweet Nansi,

Your letter tonight was a joy which stirred my whole being. Every word of it delighted me, and to read and re-read it was something like being with you and living in your presence.

I think you would not wish me to stay up longer. I have had to write several important letters and tomorrow I have a heavy day before me. So I shall only write a few words.

House maid: If you are satisfied with her, £14 or £15 will be quite reasonable, I think I shall have the house ready by about April 20 . . .

I was much interested in your description of the wedding gifts you have had this week. Mr Horniman M.P. has sent me a very cordial letter with a cheque for £100 to be spent as you and I think best.

Will you please give Lily my most affectionate good wishes for her birthday.

Goodnight, my sweet and good angel.

Gyda chariad a llawer cusan

Fyth fyth

Tom

Tomorrow (Saturday) I leave for Bronallt Denbigh till Monday.

110. 7 Mawrth

Cyfarfod am etholiadau i'r Cyngor Sir oedd yn Ninbych.

'Miss Gee's Ragged School', yr oedd Ysgolion Sul o'r math yma'n gyffredin trwy'r wlad ar gyfer plant y tlodion; ni allai'r rhieni fforddio eu dilladu'n briodol i gymysgu â phlant Ysgol Sul arferol y capeli.

Arferai Thomas Gee gynnal gwasanaeth yn yr Asylum bob nos Sul.

Miss Annie Davies, 20 North Parade

House of Commons
Dydd Llun, May 7, 1898
[*Camgymeriad am March 7*]

Fy nghariad hoff,

Bore heddyw pan ar gychwyn o Ddinbych y cefais eich dau lythyr, a da neillduol oedd genyf eu cael. Yr oeddynt fel diliau mêl i mi, yn enwedig llythyr ddoe.

38 Ebury St
1.0 y bore

Dechreuais fy llythyr cyn 7.0 gan ddisgwyl ei anfon gyda'r *Country Post*, ond och! daeth un afon o bobl eisiau fy ngweld o hynny hyd ar ol haner nos.

It was really charming to get your two letters this morning. They comforted and solaced and cheered me during my long journey. It was a good meeting on Saturday night and I hope some good was done.

I spent a very different Sunday from the one I spent with you the sweet and joyous memories of which crowd on my mind and illumine my heart. This was the programme:

Morning —	Capel Mawr (Rev John Owen Jones, B.A. Bala preaching)
Afternoon:	Address to Sunday School in Capel Mawr and — Miss Gee's Ragged School.
Evening:	Went to service in the Asylum and gave an address there.

156

| After Supper: | Long but very interesting argument with Mr Gee and Howel Gee on the Fugeiliaeth, future of Methodism, etc, etc . . . |

Good night my lovely Nansi, my queen

With strong love and kisses many

Ever your

Tom

---

111. 9 Mawrth
O hyn ymlaen ceir mynych gyfeiriadau at yr anrhegion priodas oddi wrth wahanol gyfeillion.

Miss Annie Davies, 20 North Parade

38 Ebury St.

Mawrth 9, 1898
oriau mân y bore

Fy anwylaf Nansi,

This week though I have written to you but little, I have thought of you and loved you more than ever. When will you be coming up? I have refused several dinner invitations and an invitation from Lady Rothschild to stay at Tring from 19th to 21st in the expectation that you will be in London on that Saturday and Sunday.

Your letter was very nice and very welcome as usual. I am sorry that the housemaid is 'off'. I am leaving several things in the House undecided until you come up . . .

The *six* candidates whom I went to Denbigh to support are all in. We turned out two Tories and Bobbie Wynn (Sir Watkin's brother) was beaten. So my labour was not in vain.

Last night I received a sumptuous Tennison in 9 beautifully bound volumes from Mr & Mrs John Ellis . . .

Tonight I went to the Speaker's Levée (in my Windsor

uniform) and from there to Lady Tweedsmonth's Reception
which was very brilliant . . .

Good night my love, my sweet Nansi

Gyda chariad a chusan

Fyth yr eiddoch

Tom.

---

112. Mae'r llythyr am y forwyn, oddi wrth Myfanwy Roberts yn un
pwysig, gan fod cymaint yn dibynnu ar gael morwyn gymwys. Ni fu
Annie erioed yn byw mewn tŷ heb forwyn, ac yr oedd yn hollol
gartrefol yn eu trin.

Miss Annie Davies, 20 North Parade

41 Parliament Street

Nawn Sul (Mawrth 10, 1898)

Anwylaf, dirionaf Nansi,

Un gair o gariad ac o gofion cyn mynd i '59' . . .

   Diolch lawer am eich llythyr. Os cymwys y llances o
Ddolgelle, talwn £16 iddi heb rwgnach.

   Bu John a minne gyda'n gilydd ddoe, am *lunch*, am dro am
Turkish Bath ac yna am ginio gyda Mr. Hudson yn y
Continental. Yna galwais yn 59 i weled Mary a Walter.

   With strong love a llawer cusan gan feddwl am y Sul nesaf

Fyth fyth

Tom

[*Llythyr Myfanwy (Roberts), Frondirion, Dolgellau at Nansi yn
cael ei ddychwelyd gyda'r llythyr hwn.*]

Frondirion, Dolgelley

March 10, 1898

Dearest Nansi,

This morning I happened to hear of a housemaid who may
perhaps suit you, if you have not already engaged one. This

158

girl, is I know, very capable and trustworthy. She is 23 years of age and has been in her last place for three years, & bore a very good character there. She was housemaid — waitress there & three other servants were kept, so I think she must be experienced. She is Welsh, of course, & a Methodist & would like to go to London very much. Her wages at the last place were £16, & she asks the same now. I enquired whether she could cook, supposing she were required to do so, & she said she could in an emergency, but she liked housework better. She is disengaged now, so that if you wished to have her before May, she would be able to come.

Have you had a cook? I have heard of one who is now in London. Would you like me to enquire further about her?

Let me know if I can negotiate further with regard to the housemaid.

Your loving

Myfanwy

---

113. 10 Mawrth

Mae'r ansoddair *nice* yn gyffredin yn y Gymraeg o'r cyfnod hwn; golyga *dymunol* wrth sôn am bobl. Nid oedd wedi magu'r ystyr diraddiol 'neis-neis' sydd iddo heddiw. Mae *jolly* yn ansoddair arall cyffredin yn y cyfnod.

Miss Annie Davies, 20 North Parade

38 Ebury St.

Nos Iau, Mawrth 10, 1898

My Nansi, my own,

The ivy, my love, is very eloquent. It is nearly as good as one of your free-flowing, frank, affectionate letters in which you pour without effort and without stint the thoughts and emotions of your warm heart. I am very happy when I get such letters from you. And, to tell the truth, I am very happy even when I do not get a letter from you. For I now feel that our love is so real, so steadfast, so full that it is not weakened or dimmed by the absence of a letter. It is just like those minutes which we sometimes pass in each others company when our communion is passing sweet and our joy unspeakable. Nonetheless, I feel a deep, strong hiraeth to see you, to have you with me, to express to you my growing love for you. Next week will bring you to me. That stirs me to gladness . . .

Tonight I dined with Earl Grey, The Countess Grey and their daughter are very nice. There were also there Sir Edward and Lady Grey, Miss Flora Shaw (the Colonial writer of The Times, a very clever woman) and a Mr Williams from Mashonaland. It was a very pleasant, chatty party . . .

Wel, nos da, fy nghariad anwyl, anwyl.

Cwsg melus, tawel i chwi a bendith y Goruchaf.

Gyda chariad a chusanau lawer

Yr eiddoch yn fwyfwy

Tom

---

114. Cowley House, 9 Cowley Street oedd enw'r tŷ.

Miss Annie Davies, 20 North Parade

38 Ebury St.

Nos Wener un o'r gloch y bore

[*Marc post 12 Mar*]

Fy Anwylaf Nansi,

Ymysg pethau eraill ar fy mwrdd heno yn fy aros adre yr oedd

1) The lease of 9 Cowley St. to be signed. The house is now ours for 21 years subject of course to the ground rent to the Ecclesiastical Commissioners. I am really overwhelmed by the kindness of friends.

2) Llythyr oddiwrth fy anwyl, dirion hawddgar gariadferch. Yr oedd yn llythyr hapus, siriol, blasus ac ynddo newydd da am eich dyfodiad i Lunden. Gwyn fy myd!

Diwrnod tawel heddiw — llawn o waith ond heb lawer o bryder . . .

Heno bum yn ciniawa gyda Mr a Mrs Alfred Lyttleton yn

16 Great College St . . . Mrs Lyttleton is extremely nice. She likes 9 Cowley St. immensely and offers us a hearty welcome there . . .

I am glad you are in sight of servants. Be sure that you are satisfied with them . . .

It is a joy to me to learn that you are drawing pleasure and recreation from the bicycle.

Good night my angel, my own Annie

Gyda chariad lawer, lawer

Yr eiddoch fel arfer

Tom.

---

115. D. A. Thomas (1856-1918) A.S. Rhyddfrydol dros Ferthyr Tudfil 1888-1910. Is-Iarll Rhondda yn ddiweddarach.
Daeth Annie a'i mam i Lundain er mwyn prynu dodrefn.

Miss Annie Davies, 20 North Parade

42 Parliament Street

nos Fawrth, Mawrth 15, 1898

Fy anwylaf Nansi . . .

Your letter was delightful, and I enjoyed it very much.
I am so glad that you are happy, I envy Aberystwyth having you and the sunshine. However it is very jolly to think that the day of our meeting is drawing nigh.

I went with Geake after lunch today to 9 Cowley St. Steady progress is being made with it . . .

We had a Home Rule debate in the House tonight which ended in a 'count out'. D. A. Thomas made a most vile speech full of cheap jeers at his Welsh colleagues, at the Liberal Party and at everything he could have a shy at! . . .

Wel, Nos Da, fy anwylyd, fy Nansi anwyl

Gyda chariad a chusan Fyth fyth

Yr eiddoch

Tom.

116. Ar ddydd ei phen-blwydd derbyniodd Annie anrheg o weithiau John Ruskin: *The Ethics of the Dust, The Crown of Wild Olive, Stones of Venice* a *Sesame and Lilies.* Ar bob un sgrifennodd T.E.: 'Rhodd Tom i Nansi ar ddydd ei phenblwydd Ebrill 6 1898.'

Miss Annie Davies, 59 Chancery Lane

House of Commons

Nos Fawrth, Ebrill 5, 1898

Fy anwylaf Nansi,

Yfory, os ydwyf yn cofio yn iawn, ydyw dydd eich penblwydd. Deued llawer, lawer o ddyddiau penblwydd heibio i chwi, gyda bendith a nerth a chariad ychwanegol gyda phob un, fel y byddo mesur eich bywyd yn llawn.

Gyda chariad a chusan

Fyth yr eiddoch

Tom.

---

117. Yr oedd T.E. gartref yng Nghynlas dros y Pasg, ac Annie yn Aberystwyth.

Miss Annie Davies, 20 North Parade

Cynlas, Corwen

Thursday

[*Marc post 7 Ebrill*]

My dearest Nansi,

There is a huge pile of written letters before me. This is the 37th. I have written today, I am endeavouring to clear up arrears which have accumulated during our furnishing peregrinations . . .

I found them all well at home. After discussing politics and Methodistiaeth with father the girls and I had a great Council of War about the 'event'. It was between one and two when we went to bed!

The tea-service from Mr Roberts is simply superb. Winnie

will, I understand bring hers on Monday. I hope you will like it as much as I do.

Tassie has taken great care of my bicycle and I am now going for a short ride before it gets too dark.

> Good afternoon, my love, my queen,
> with cariad a chusan a llawer cusan
> Fyth yr eiddoch
> Tom.

---

118. 8 Ebrill
Torn Sails (1898) nofel ramantus gan Allen Raine, un o'i rhai mwyaf poblogaidd.

> Miss Annie Davies, 20 North Parade
>
> Cynlas, Corwen
>
> Good Friday
> [*8 Ebrill 1898*]

My dearest sweet Nansi,

It was a great delight to get your note and to know that you were journying happily and merrily. I am very glad that you had so courteous and attentive a knight as Mr William Jones to minister to you. I hope you found your Mother and Lily well and in high spirits on your arrival.

Last night after my great bout of letter-writing and this morning I read *Torn Sails*. It is extremely good but very sad and tragic in parts and indeed in its general effect. The girls are now beginning it. They will send it on to you soon. For the next few days Winnie and you will voyage with all your sails flying and untorn . . .

The days till I am by your side again will be very few and will pass quite quickly. Meanwhile prynhawn da, fy anwyl, gariadus, hawddgar Nansi.

> Gyda chariad a chusan a chofion a chusanau lawer
> Fyth yn Eiddoch
> Tom.

119. Thomas Jones, Brynmelyn, cyfaill bore oes.

ring . . . with its message; cyfeiriad at gael rhoi'r geiriau 'Rhown ein golau gwan i'n gilydd' oddi mewn i'r fodrwy briodas.

Miss Annie Davies, 20 North Parade

Cynlas, Corwen

April 9 1898. Saturday

My lovely, sweet Nansi,

Your letter today was a delight showing you are blithe and happy and well. I am very sorry I cannot come on Monday. Mr Jones Brynmelyn and some old friends are coming here Monday evening, partly for business, partly for pleasure, and I must not be away . . . And now my 'hen gyfeilles' *many many many* thanks for the pocket case. It is very nice, will be very useful and handy and is a fit receptacle and protector of the invaluable *Guide to London* . . .

I shall often think of you tomorrow my darling Nansi and every time with increasing love and devotion.

A happy Sunday to you. Gyda chariad dwfn a chusan cynes. Fyth

Yr Eiddoch

Tom.

Thanks for the ring. I shall send it with its message.

---

120. 10 Ebrill

Bu T.E. yn Aberystwyth hyd 16 Ebrill; aeth Annie ac eraill i'w ddanfon yn ôl ar y trên cyn belled â Glandovey Junction, a dychwelyd i Aberystwyth ar eu beiciau.

Miss Annie Davies, 20 North Parade

Cynlas, Corwen

Nawn Sul

10 Ebrill 1898

Fy anwylaf Nansi,

Tawel iawn ydyw yma — y gwynt sy'n cadw fwyaf o swn . . .
Neithiwr bum yn lled brysur. I had another bout of letter-

writing and made a great and glorious clearance of arrears. There is a pile of about 35 to be posted!

I am glad you had a good ride on Friday. Jennie and I had a very enjoyable spin along Bala Lake.

On Tuesday I hope to see your fair face and to commune with you. It is very pleasant to think of it.

> Prynhawn da fy nghariadferch anwyl,
> fy angor, fy Nansi hoff, Gyda chariad ac aml gusan
> Fyth yr eiddoch
> Tom.

---

121.   Miss Annie Davies, 20 North Parade

> Cynlas, Corwen
>
> [*16 Ebrill 1898*]

My darling Nansi,

Here all right. Pleasant journey. Very quiet after Glandovey Junction where I had to say good-bye to the lively cyclists.

I have been bombarded with questions about you, the wedding etc, etc, etc.

It was a most pleasant, memorable Easter. I should like, if time permitted to put in writing how kind and tender and loving and loveable you were and are. I could only whisper an occasional word of what I felt.

Will you kindly send me a list of the 'invitees' which you copied?

Love, more love, all my love to you and many a kiss.

> Fyth, fyth yr eiddoch
> Tom.

---

122. Ernest Rhys (1859-1946) bardd a nofelydd, ef a olygodd y gyfres *Everyman's Library* o 1906 ymlaen. Yr oedd Grace Rhys ei wraig hithau'n llenor

Jenkins: Mr David Jenkins (1848-1915) cerddor a oedd yn trefnu'r gerddoriaeth ar gyfer y briodas.

Miss Annie Davies, 20 North Parade

House of Commons

Nos Fercher
20 Ebrill 1898

Fy anwylaf gariadus Nansi,

I have received from you many many letters that have given me intense joy and high pleasure, but there is something about your letter awaiting my return tonight which surpassed them all. It is in the highest sense *womanly*. There is a confident, joyous pride in it which stirs me and makes me glad and happy.

Pray don't forget your Journal. Do not let happy or sad days pass without your writing your impressions. And when you make plans for the future and dream dreams about the times to come, place them on record. I often, often wish I had done so. It would have been most helpful to me. So, my lovely Annie, profit by my experience and make the Journal a constant and dutiful feature of your life . . .

I look back with unspeakable fondness and with the tenderest memories to our happy, blissful hours of fellowship and love last week. My heart is full of loving gratitude to you.

Tonight I went to the Cymmrodorion to hear Mr. Ernest Rhys read a paper on 'Greater Wales in the Sixth Century'. He was rather nervous, had not prepared very carefully, but was suggestive and enjoyable. Lloyd George was in the Chair and we had the usual amount of mutual chaffing. Then Mr & Mrs Ernest Rhys, Mr & Mrs Llew, Mr & Mrs Lloyd George and I went to Frascati and had a pleasant, merry time.

Then I came here to get and read and re-read and enjoy the sweetness of the letter from my beloved. Diolch i chwi, fy nghariad anwyl, mil diolch.

Gyda chariad a chusan a chusan a chariad

Fyth, fyth

Tom.

I am writing to Jenkins.

---

123. oak chest. Gw. Llythyr 13 Chwefror 1898.

Miss Annie Davies, 20 North Parade

41 Parliament St.

21 April 1898

My dearest Annie,

I enclose lists of people it would be well to invite . . .

There will come, in a day or two, cards for the Tabernacl (white) and for the Pier Pavilion (green) which please send with the invitations . . .

The oak chest duly arrived . . .

You see this is a business letter but ends with much love.

from Tom.

---

124. Canwyd dau emyn o waith Dyfed yn y briodas; efelychiad yw un ohonynt ond ni nodir y gwreiddiol.

Miss Annie Davies, 20 North Parade

House of Commons

Nos Wener

Ebrill 22, 1898

Fy anwyl hoffusaf Nansi, . . .

It has been a quiet, uneventful day with me. Lloyd George came with me to see 9 Cowley St. He liked it immensely and as usual we had a good deal of fun and chaff. We have had a lively and interesting night in the House tonight — our side doing a little gentle obstruction on the Estimates for the expenses of the House of Lords.

But all the evening my mind has repeatedly reverted to this night week and I have been fondly longing in memory over that supreme and precious hour we spent together in Sweet communion, in tenderest love, in absolute and perfect devotion to one another. You seemed to have gathered into that happy hour all the lovingness and loveableness of your nature. And

I am happy tonight as I think of it and as I think of you, my sweet Nansi, my own.

I am getting more and more perplexed every day. Today Lloyd George told me that he, Alfred Thomas and Timothy Davies wanted me to choose their presents to me. Then, Sir Edward Grey said Lady Grey and he wanted me to do the same. It is getting more and more difficult to satisfy the eager kindness of friends . . .

I shall be interested to see Dyfed's hymn. I sent a suggestion as to one of the hymns to Mr. Jenkins. The idea of getting a harpist and penillion singer at the Pier Pavilion is excellent.

Wel, Nos Da, fy anwylyd, fy Nansi hawddgar anwyl

Gyda chariad dwfn a chusan cynes

Fyth yr eiddoch

Tom.

---

125. Alfred Thomas. Gw. Llythyr 15 Chwefror 1898.

Miss Annie Davies, 20 North Parade

House of Commons

Tuesday night
April 26, 1898

My own sweet Nancy,

Last night I was tired. Tonight I am well, though it has been a busy day . . .

Tonight we all — Welsh Liberal M.P.'s — dined with Alfred Thomas at the National Liberal Club to meet Sir William Harcourt. Lord Aberdare, Mr Gee and Mr Loulou Harcourt were also there . . .

Good night, my darling, my love, my queen

Gyda chariad a chusanau lawer

Fyth, fyth yr eiddoch

Tom.

---

126. Mae'r frawddeg fod T.E. yn *'much obliged to your mother for letting you come'* yn taro'n chwithig i ddarllenwyr heddiw, a dyddiad y briodas mor agos.

Miss Annie Davies, 20 North Parade

38 Ebury Street
London S.W.

Nawn Sul, Mai 8, 1898

My own darling Nansi,

I have no news, but much, much love to send. Your letter which you gave me on Friday night is beautiful. It gives me great pleasure and joy of heart and spirit. Your visit to London was very precious to me and I am much obliged to your mother for letting you come. I am very sorry that we were prevented from settling down at Cowley St. so that you might have had the fun and satisfaction of seeing Winnie duly established as mistress of the house . . .

Wel, nawn da, Nansi anwyl, anwyl, fy nghariadferch dirion. With deep love and many kisses

from
Tom.

---

127. Mae'r arysgrif ar y cloc fel a ganlyn: *Presented to/Thomas E. Ellis Esq. M.P./Chief Liberal Whip/By the Staff at 42 Parliament Street/on the occasion of his marriage/May 26th 1898.*

Mr & Mrs Henry Lewis, Bangor. Yr oedd Henry Lewis (1847-1923) yn 'gymwynaswr mawr i Goleg y Gogledd' yn ôl R. T. Jenkins yn y *Bywgraffiadur.*

'I am writing to her to plead with her to come'

Yn ei lythyr at ei fam, 14 Mai sgrifennodd T.E.: 'Buasai yn falch *iawn, iawn* genyf pe buasech yn gwneud eich meddwl i ddod ac y mae Annie yn hiraethu am i chwi ddod, er nad yw yn leicio ysgrifennu atoch yn aml ar y mater i'ch poeni.

Nid oes genyf ond gadael y mater yn eich llaw gan fawr ddymuno y deuwch. Mae yn llawer mwy pleserus i chwi ddod am fod Mary yn dyfod yno i ofalu amdanoch.'

Mewn llythyr a anfonodd T.E. at David Jenkins ar 25 Ebrill ynglŷn

169

â'r gwasanaeth priodas mae'n cytuno y byddai dau emyn yn ddigon '. . . but "O, Sancteiddia" must be one of them' am fod geiriau Pantycelyn yn weddi '. . . while "Os disgyn addfwyn Ysbryd" (one of David Charles, Caerfyrddin) strikes a note of joyful praise in anticipation of the hearing of the prayer' Cafodd hi'n anodd i ddewis rhwng dau emyn Dyfed heb glywed y dôn a gyfansoddwyd yn arbennig gan David Jenkins (Penlan). Wedi trafod y nifer angenrheidiol o daflenni, eu maint a'r geiriad mae'n mynegi: 'I should on many grounds like to have Clychau Aberdyfi for,

1) It is a love-lyric
2) It tinkles like marriage-bells
3) It has a flavour and reminiscences of Merioneth

Please have the harpist and a penillion singer. Is Eos Dar the best?'

Miss Annie Davies, 20 North Parade

38 Ebury St.

Wednesday, May 11, 1898

My sweet Nansi, my own,

Your letter gave me great, great joy although there were in it some notes of sacred sadness.

My note tonight must be very brief. I have had to write a big batch of letters and it is getting near 2 o'clock (Thursday morning).

I dined with Robert Hudson . . . tonight at the Continental . . . Robert advices us not to send wedding cards but to send visiting cards placing on the corner of yours your At Home days. He suggests Sundays and Wednesdays — for three weeks as good At Home days . . . Please send me your views as to these suggestions.

The presentation today was very pleasant. All the Staff came to my room. Mr Dunthorne, Superintendent of the Whips' messengers made a speech presenting the clock and the address. He spoke admirably.

It is a splendid travelling clock in a case. I think you will like it immensly. The address signed by every member of the staff is most tasteful . . .

I am delighted that Father is coming. I wish mother would come also, I am writing to her to plead with her to come.

Good night my love, my darling, bonnie Nansi. Gyda chariad a thyner gusan oddiwrth

Tom.

I shall write tomorrow to Mr. Levi and Mr. Jenkins about the wedding service. Mr. Levi suggests an 'anerchiad' from Iolo.

---

128. *Pavilion*. Adeilad newydd oedd y *Pier Pavilion* a gwblhawyd yn 1896.

The wedding ring. Yn *Seren* y Bala, Mai 21 1898 dywedir: '. . . modrwy o aur a godwyd o fewn ei gynrychiolaeth ei hun. Cafwyd yr aur o . . . fwnglawdd Gwynfynydd . . . a chyflwynwyd ef yn anrheg i Mr Ellis gan un o'i gyd-aelodau Cymreig, Mr Pritchard Morgan'.

W. Pritchard Morgan A.S. Merthyr Tydfil, trigai ym Mryntirion, Dolgellau. Ef a gychwynnodd y gwaith yng Ngwynfynydd.

Miss Annie Davies, 20 North Parade

38 Ebury St.

Nos Iau, Mai 12, 1898

Fy anwylaf Nansi,

Your letters this week have contained some very tender messages which have dwelt in my heart and given me great and keen joy. Your letter tonight, though full of business points breathes a spirit of happiness which makes me very glad.

At Homes. My letter last night modifies my earlier view and I await your letter tomorrow.

Young Wales. I think you should let him have a photo. And will you please send me one for a journalist in London.

Tickets. I have no views as to this. The only difficulty is as to fair distribution but I imagine that can be arranged.

Pavilion. I do not think it need be extensively decorated. A few palms and a few flowers would suffice.

Marriage Service. I quite agree to Mr Levi's plan and shall write him tomorrow . . .

The wedding ring came tonight, inscription and all. It is massive and quite heavy . . .

I have had a very busy day but I feel very well and only wish I were near to you so as to say how dearly and devotedly I love you and to look into your eyes.

Good night, my darling, my queen, with strong love and fond kisses and many.

Ever yours

Tom.

Many thanks for sending me the lists.

---

129. 13 Mai

'The letter from the servant'; sgrifennodd Winnie Davies, Baker Street, Dolgellau ar 11 Mai at Annie yn diolch am y siec, *'Many thanks for your kind consideration, I fully understand that this delay in the House has been as much disappointment to you all, as to myself. I shall be glad when we are settled, and I hope and trust that we will suit each other.'*

The Cambrian, sef the Cambrian Railway, y cwmni a redai'r trenau rhwng Aberystwyth, Amwythig a Phwllheli.

Friday night and Saturday; taith y mis mêl.

129a. Llythyr gwamal oddi wrth J. H. Davies wedi iddo fod yn y Tŷ.

Miss Annie Davies, 20 North Parade

41 Parliament Street

Nos Wener, Mai 13, 1898.

Fy anwylaf Annie, . . .

The letter from the servant is very satisfactory and I am very glad that you are on the track of a cook. I hope that you will secure her and that she will be satisfactory . . .

The Manager of the Cambrian (Mr. Dennis) called tonight and was very obliging. He will run a train leaving Dolgelly 10.30 and reaching Aberystwyth 12.30. He will also reserve a compartment for us on Friday night and Saturday. It is very kind of him.

I enclose a letter just received from Lord Rosebery enclosing a cheque for £100. What am I to say to such kindness? . . .

I am struggling with the Cowley St. improvements and making good progress.

Wel, pwt bach anwyl, mae arnaf hiraeth dwys am eich gweled ac am gael bod gyda chwi i ddadgan fy nghariad tuag attoch.

Nos Da, fy anwylaf Nansi, fy nhywysoges

Gyda chariad a llawer cusan, oddiwrth

Tom

Miss Annie Davies, 20 North Parade

House of Commons

13.5.98

My dear Miss Davies,

. . . A man called Thomas Ellis is by my side, who they say is affected with heart disease of a particularly aggravating tune. What he wants is not so much a change of air as a change of life from the single to the double unity, then the disease will no doubt banish.

Yours in blood [*Tanlinellu mewn inc coch*]

John H. Davies M.P.

---

130. Mae'r gwahoddiad i'r briodas fel a ganlyn:
   Deisyfa Mrs R. J. Davies lon gyfeillach . . . ym mhriodas ei merch Annie a Thomas E. Ellis yn y Tabernacl Aberystwyth dydd Iau Mai 26 am 2.30 ac yn y Neithior yn y Pier Pavilion.
   Cwrt Mawr Aberystwyth.   R.S.V.P.

Miss Annie Davies, 20 North Parade

House of Commons

Nos Fawrth

[*Marc post 14 Mai*]

My lovely Nansi,

It was very pleasant to get your letter in the middle of quite a little parcel of documents. I shall write to Mr. Jenkins.

I suppose John will come up tomorrow. I want to consult him on one or two points . . .

A slight change has been made in the wording of the invitation. It now reads

>Deisyfa Mrs R. J. Davies lon gyfeillach Mr & Mrs A. B. etc.

This has the double merit of: 1) reproducing the actual words of the old Carmarthenshire bidding, 2) being an idiomatic translation of the English form: It means:

>Mrs Davies desires the gladness of the company (or rather the friendly presence) of . . .

The Liberal Agents are going to make me a present on May 16, and John Morley told me tonight that he is going to have a little 'farewell' dinner of old friends a few nights before the event. I am very much touched by these indications of goodwill.

Well, good night to you, my sweet Nansi, my queen, my own true love.

Gyda chariad a llawer cusan oddiwrth

Tom.

---

131. 15 Mai
Mary oedd enw'r forwyn a gyflogwyd.

Miss Annie Davies, 20 North Parade

41 Parliament Street

Sunday, 15 May 1898

My lovely Nansi,

A brief word to thank you for your letter and for the list. The list is an index of the goodness and joy of friendship.

I have great difficulty in grappling with all my correspondence, political and domestic. This is the 20th letter . . .

It is a very good idea to ask Jennie or Winnie to go up with Mary. The putting of the house in order and placing all these presents will be quite a formidable task.

The work is being steadily done in Cowley St . . .

Please let me know all your wishes about the bouquets. I am

174

just going to visit John now and to give Walter a great grip of the hand on his winning the Essay prize.

Your letter seems to me to show that you are happy and jolly . . .

Prynhawn Da, fy anwylyd hoffusaf, canwyll fy llygad

Gyda chariad a llawer cusan

Tom.

---

132. 'Mr Gladstone is dying to-night.' Bu Gladstone farw ar 19 Mai.

Miss Annie Davies, 20 North Parade

42 Parliament Street

17 May 1898

My own darling Nansi,

Your letter to-night breathed of true love. It made me very happy. A thousand thanks . . . Mr Gladstone is dying tonight.

Tomorrow I have to run to Shrewsbury for a Conference, returning in the afternoon.

Please send list of presents received since your big list was sent.

Good night my sweet Nansi, my beloved, my queen. With tender love and caressing kisses.

Ever ever yours

Tom.

---

133. 17 Mai

Anfonodd ysgrifennydd Cymdeithas Cymru Fydd Arthog, Meirionnydd i ofyn caniatâd i roddi'r dorch o flodau i'r briodasferch, a gofyn a wnâi Miss Davies anfon darn o ddeunydd ei gwisg er mwyn rhwymo'r blodau mewn deunydd a fyddai'n gweddu, a gofyn ei chyngor ynglŷn â pha flodau i'w defnyddio.

Miss Annie Davies, 20 North Parade

House of Commons

[*Marc post Mai 17, 1898*]

My dearest Nansi,

I have only time for the briefest word.

The Cymru Fydd Society of Arthog is anxious to be allowed to give you the bouquet. Will you please convey your wishes tomorrow either as to the flowers or colour or anything relative to it to W. Lewis, Glan y Wern, Arthog, nr. Dolgelley . . .

My fondest love and tenderest kisses to you.

Ever ever

Tom.

---

134. 19 Mai

Nodyn ydoedd hwn i ragrybuddio Annie y byddai'n rhaid gohirio'r briodas.

Miss Annie Davies, 20 North Parade

42 Parliament Street

May 19, 1898

My darling Nansi,

The Great Chief is dead. His funeral may unfortunately upset all our arrangements for Thursday, but of this I shall know tomorrow and wire to you.

His death has made a great change here in London. A subdued calm and gloom has come over all.

With deep, strong love and a
tender kiss from yours ever

Tom.

---

135. 19 Mai

Miss Annie Davies, 20 North Parade

38 Ebury St.

Nos Iau, Mai 19, 1898

Fy anwylaf Nansi,

Hyfryd iawn oedd cael eich llythyr heno. Gohiriwyd y Tŷ o
barch i Mr Gladstone. Deuais yma ac er cyn saith (y mae yn
awr ar ôl hanner nos) yr wyf wedi bod yn brysur yn tacluso
ac ysgrifenu ac nid wyf agos darfod eto. Gobeithio y cewch Sul
hapus, diddan yn yr hen gartre . . .

I am very anxious about the date of the funeral lest it should
be on Thursday, which would make a change in the date of the
wedding necessary. If that should happen which day would you
prefer, Friday, Saturday or Tuesday?

I had a most pleasant two hours' walk and talk with Lord
Rosebery this morning. We went through Hyde Park and
Kensington Gardens very much the same way as we went after
seeing Winnie off at Paddington after the Jubilee time. Do you
remember that pleasant morning?

In your letter to Mr Lewis of Arthog about the bouquet did
you mention orange blossoms for your hair? That is quite
necessary, is it not?

Nos Da, fy Nansi anwyl, anwyl Gyda chariad
a thyner gusan

Yr eiddoch yn hiraethlon

Tom.

136-7. Nid yw T.E. yn dechrau'r llythyr gyda dyddiad yr angladd
ond yn datgan ei deimladau tuag ati, fel arfer. Dewiswyd dydd
Mercher 1 Mehefin, yn wythnos y Sulgwyn. Teithiodd T.E. i
Aberystwyth er mwyn trafod holl oblygiadau'r gohirio wyneb yn
wyneb. Gwyddai y gallai fod yn gefn i Annie yn ei siom. Mae llythyr
T.E. at J.H.D. yn gofyn iddo gymryd at y trefniadau ymarferol oedd
yn golygu cymaint o waith ysgrifennu.

Miss Annie Davies, 20 North Parade

National Liberal Club

Sunday

[*22 Mai 1898*]

My dearest Nansi,

I am grieved that I was so pressed on Friday as not to have any leisure to write to my beloved. Mae arnaf *hiraeth dwfn* am danoch am eich gweled ach clywed, am eistedd gyda chwi, am eich cofleidio ac am cael[*sic*] cusan cariadus genych a gair anwyl, tyner.

Meddyliais hyd tair awr yn ol fod popeth yn iawn am ddydd Iau. Ond heddyw deallais fod y claddedigaeth *ddydd Sadwrn nesaf.* Mae arnaf ofn gan hyny nas gallwn yn weddus briodi dydd Iau. The whole week will be full of tension of public feeling about Mr. Gladstone, more so in London perhaps than in the country, but then my representative and official position here is important.

I shall decide fully when I see some of my leading colleagues tonight, — Mr. Asquith, Mr John Morley, Sir Edward Gray and others. If they advise postponement of the wedding, I think you and I ought to consent.

If it is postponed I think *Wednesday June 1* would be the best day. What do you think?

I am writing to John also on this point and other consequential points . . .

I shall wire early tomorrow the final decision as to the date when I hear from John.

With love, tender, growing, strengthening love and many kisses. Yours ever, ever

Tom.

P.S. If postponement is decided upon I am rather inclined to run down to Aberystwyth by the mail tomorrow (Monday) night.

John H. Davies Esq., J.P., 20 North Parade

National Liberal Club

Sunday

[*22 Mai 1898*]

My dear John,

We are face to face with a most difficult situation. Mr. Gladstone's funeral has been fixed for next Saturday. This means that in London at any rate if not all over the country there will be a concentration of feeling upon him all through the week and every public engagement will be put off.

Looking up to my position in the Party I rather feel that we ought to postpone the wedding.

If there is postponement I have asked Annie whether she thinks *Wednesday June 1* would not be the best date. What do you think?

It would be better to avoid Whit Monday & Whit Tuesday as they are holidays, & festivals, religious and musical, are being held everywhere.

The two or three points which suggest themselves to me are:
1) Can Mr. Jenkins come Wednesday?
2) Can Mr. Levi and Iolo be there?
3) Is the Pier Pavilion available?

Please write to me your views and any information as to these points tomorrow morning to: 42 Parliament St., S.W.

If postponement is generally considered seemly and inevitable, then you will send the notices as we agreed on Friday last. We should also insert paragraphs in the newspapers so that all the guests could be informed.

It is all very disturbing — but the first characteristic of Death is its ruthlessness.

Ever yours

Tom.

———————

138. Mae'r llythyr yn cynnwys rhestr faith o enwau cyfeillion gan nodi'r anrhegion.

Miss Annie Davies, 20 North Parade

1 Great College St.

[26 Mai 1898]

My dearest Annie,

Your letter was delicious, as is the memory of our happy, happy Tuesday.

The sight here today is wonderful. Already 100,000 people have passed by the simple coffin in Westminster Abbey containing all that is mortal of the Mighty Chief.

Mr. Hudson, Mr Geake and I have been to pay our respect and to see the great tide of humanity.

The presents continue to come . . .

Please ask Mr Hall to let me have a few copies of the printed list of presents sent to Cynlas Corwen tomorrow or Saturday . . .

Good night, my love, my own sweetest Nansi

With much strong love and many kisses

Tom.

---

139. Angladd W. E. Gladstone oedd wedi gwneud argraff arno.
'your brother's home-coming'. David, brawd hynaf Annie a ddaeth adre o America ar gyfer y briodas.

Miss Annie Davies, 20 North Parade

Cynlas, Corwen

Sunday

[29 Mai 1898]

My dearest Nansi,

Never can I forget yesterday. It was a most moving, impressive scene.

It is a great joy to hear of how happy you have all been made by your brother's home-coming.

Will you please send *tomorrow* to Charles Geake Westminster Gazette Office, Tudor St. London E.C. a description of your dress . . .

Good afternoon my love, my sweetest Nansi, my queen.

With strong love and tender kisses

Ever and ever yours

Tom.

---

140. 30 Mai
Yr oedd T.E. gartref yng Nghynlas dros y Sulgwyn ond heb fedru dylanwadu ar ei fam i ddyfod i'r briodas.

Miss Annie Davies, 20 North Parade

Cynlas, Corwen

Nos Lun y Llungwyn

[*30 Mai 1898*]

Anwylaf Annie,

Dim ond gair o gariad a chusan. This is the 45th letter today, and more must be written.

D. Daniel is here — he is jolly. I hope his little boy Peredur who was in the Abbey on Saturday will come to the wedding.

We hope to come tomorrow — Jennie, Tassie, father and I arriving 2.25.

With strong deep love my Nansi.

Ever your

Tom.

---

141. Llythyr heb amlen, diddyddiad wedi ei sgrifennu a'i ddanfon trwy law fore'r briodas, 1 Mehefin, mae'n debyg.

My dearest Annie,

This is too busy, wonderful and moving a day to write.

I am delighted that your brother's homecoming is so joyous.

How can I ever thank you for your sweet and delightful present? Certainly not by letter.

Good day my sweetest Nansi. With love and love and love and kisses and kisses

from
Tom.

———————

Y Briodas

Ni adawodd Annie yr un cofnod personol mewn llythyr nac atgof am seremoni'r briodas. Rhaid dibynnu ar yr adroddiadau yn y gwahanol bapurau newydd am y manylion. Cyhoeddodd y papur lleol *The Cambrian News* atodiad a elwid yn *Souvenir Edition*. Pedair tudalen ydyw gyda llun mawr o'r briodferch ar yr ail dudalen ac un o'r priodfab gyferbyn. Aeth llawer o'r gofod i olrhain achau Annie, y cwbl yn ddynion, heb ond ychydig o sylw iddi hi ei hun. Gyrfa T.E. sy'n cael y sylw a'r gofod, a hynny'n naturiol o gofio ei safle yn y byd cyhoeddus. Manylir ar y gwahoddiad Cymraeg i'r briodas ac am ystyr y gair *neithior*.

Pan dderbyniodd Frances Davies luniau'r briodas ysgrifennodd at Annie, a oedd ar ei mis mêl yn Ross.

'The wedding group came this morning; it is very much praised
but I think you look rather pensive, and no wonder after all the
labour you went through in the morning . . .'

Ni allwn ond dychmygu beth oedd y llafurwaith hwnnw. Ai'r ffwdan arferol o baratoi ar gyfer priodas ffasiynol, ynteu a oedd ei mam yn cyfeirio at rywbeth hollol wahanol? Gwyddom iddi dderbyn nodyn cariadus oddi wrth ei darpar ŵr y bore hwnnw.

Yr unig gyfeiriad at ei gwisg briodasol a welwyd cyn y briodas yw'r un lle gofynna T.E. iddi anfon disgrifiad ohoni i un o bapurau Llundain.

Yn yr adroddiadau am y briodas yn y papurau newydd ceir disgrifiad o'r ffrog mewn termau sydd bron yn annealladwy i ddarllenwyr heddiw; yn y llun swyddogol o'r briodas mae Annie ar ei heistedd ac yn dal tusw o flodau o'i blaen fel nad oes llawer o'r ffrog yn y golwg. Yn ffodus, mae dau o lythyrau at Annie oddi wrth Alice Acland wedi goroesi. Sgrifenna o'i chartref yn Scarborough ym mis Mawrth 1898.

Ynddynt mae'n crybwyll y gwisgoedd y byddai Annie eu hangen ar gyfer y '. . . big dinner parties which are sure to be given in honour of your Goodman's wife!' Mae'n ychwanegu'n synhwyrol,

'. . . I feel it is important for your good man's sake that you should feel yourself as well-dressed as the other ladies you would meet at Sir William Harcourt's or elsewhere.'

Crybwylla ddilledyn angenrheidiol arall, sef

'. . . your "wrap" to wear to and from parties, people have very pretty ones — long, to cover their dresses, not "opera cloaks" exactly . . .'

Byddai'n rhaid talu dipyn am glogyn felly, ond '. . . if one is without such a garment one feels awkward, and gets "looked at", in a way which makes one uncomfortable.'

Eitem ddrud arall oedd esgidiau i wisgo gyda'r nos, '. . . If you have a white best evening dress you would find white kid shoes more lasting than white satin . . .'

Aeth ymlaen i'w chynghori ynglŷn â pha dlysau fyddai orau, '. . . just now people are wearing little besides stones, they do not wear gold necklaces or brooches in the evening at big parties . . . it is better to wear none than the wrong things . . .'

Sylweddolai Alice Acland fod ei chynghorion yn rhai am bethau bydol, a gwyddai beth oedd blaenoriaethau T.E. ac Annie ei hun,

'. . . but I feel anxious that you should really make a delightful impression not only on Mr. Ellis' political associates but upon their wives, whose eyes are accustomed to a special sort of thing . . . it seems right not to draw attention to oneself by looking "different".'

Mae naws llythyrau Alice Acland mor gwbl wahanol i rai T.E. pan sgrifennai am fynd i giniawa gyda'i gyd-seneddwyr ac aros yn eu tai. Adnabu hi eu gwragedd a gwyddai y gallai ambell un niweidio neu ddiraddio gwraig arall gydag edrychiad neu sylw wrth fynd heibio, ac ar yr un pryd ymddangos yn gwbl foesgar.

Yn ei hail lythyr mynegodd Alice Acland ei boddhad o glywed mai deunydd poplin a ddewisodd Annie ar gyfer ei ffrog briodas. Cynigiodd enw teiliwr i'w gwnïo,

'. . . He would be sure to give you a very good poplin and to make it exquisitely. You would have to get him to convert it from a high gown to a low one . . . with a dress from him for best evening and one also from him for afternoon calling, etc. You would feel quite happy.'

Yn ychwanegol byddai'n rhaid cael '. . . a tailor made garment for country house wear,' ac addawodd ofyn i Lady Gray gyflwyno'r teiliwr iddi.

Yn y darlun o Annie a dynnwyd yn Stiwdio Kate Pragnell, mae'n gwisgo'r ffrog briodas wedi ei haddasu ar gyfer achlysuron cymdeithasol (y *low gown* a grybwyllwyd uchod) Ffrog o liw ifori ydyw gyda bodis o lês Honniton a gwddw isel, llewys cwta a llawer o ffrils ar y pen-ysgwyddau. Dim ond hanner wyneb Annie sydd yn y golwg wrth iddi sefyll â'i chefn at y camera, a'r sgert laes gwmpasog gyda'r godre'n llusgo sy'n denu'r sylw.

Yr oedd baneri'n chwifio ar y castell ac ar dŵr y coleg ac ar nifer o adeiladau eraill yn Aberystwyth ar fore'r briodas, 1 Mehefin. Codwyd canopi o ddrws y tŷ yn North Parade i'r stryd lle safai'r cerbyd oedd i gludo Annie i'r Tabernacl. Yno, gosodwyd carped coch o'r ffordd hyd at ddrws y capel, a chanopi uwch ei ben. Rhoddwyd y carped ar fenthyg gan Mr Howells, Plas Penglais. Fe'i defnyddiwyd gyntaf o flaen Neuadd Alexandra pan agorwyd y lle gan y Dywysoges Alexandra yn 1896.

Cyfeiriodd Annie lawer gwaith yn ei Hatgofion at ei swildod poenus. Hyd yn oed os llwyddodd T.E. i fagu mwy o hyder ynddi, yr oedd meddwl am fod yn ganolbwynt sylw'r dyrfa a ddaethai i'r briodas a'r cyhoedd a ddaethai i syllu yn sicr o beri iddi deimlo'n ofnus.

Yr oedd ganddi bedair morwyn, ei dwy chwaer, Mary a Lily a dwy chwaer T.E., Jennie a Winnie, y cwbl yn gwisgo ffrogiau gwynion a hetiau cantal mawr gyda phlu estys, a phob un â thusw o rosynnau pinc. Yr oedd y blodau a gariai Annie yn rhodd gan Gymdeithas Cymru Fydd Arthog. Rhoes y priodfab bob o froits o berlau a turquoise i'r morynion yn rhodd, a gwisgai Annie y gadwyn ddiemwnd a roes T.E. iddi. Gwisgai'r eneth Dorothy Hudson ffrog wen a het cantel llydan, a'r bachgen bach, mab Prifathro Coleg Aberystwyth wedi'i wisgo fel merch, druan bach, ac o bopeth, pluen estrys ar ei benwisg!

Daeth David, brawd hynaf Annie adre o America i arwain ei chwaer i'r capel. Nid oes sôn am Sara a'i gŵr. Y gwas priodas oedd Dr. Isambard Owen.

Gweinidog y Tabernacl, y Parch. Thomas Levi a weinyddodd y gwasanaeth a'r Parch J. J. Roberts, Iolo Caernarfon yn ei gynorthwyo. Mae clawr y daflen emynau yn adlewyrchu chwaeth y cyfnod gyda llun dau giwpid yn dal torch uwchben enwau'r pâr priodasol a phelydrau'r haul y tu ôl iddynt; ar waelod y ddalen mae llun dwy galon a saeth drwyddynt, y cwbl o liw arian. Mai 26, 1898, sef y dyddiad gwreiddiol sydd ar y daflen. Dewiswyd tri emyn, 'Rho dy

wyneb Arglwydd mawr / Ar lw'r cyfamod glân' gan Dyfed ar y dôn
Llangeitho i ddechrau, yna 'O Dad yr hwn a geraist / I'th glod y cyntaf
ddyn,' efelychiad gan Ddyfed ar y dôn Penlan o waith David Jenkins,
ac i orffen 'O sancteiddia f'enaid Arglwydd,' gan William Williams,
Pantycelyn ynghyd â phennill o waith David Charles, Caerfyrddin,
'Os disgynni, addfwyn ysbryd' ar y dôn Lewes. Yr oedd 'côr
detholedig' David Jenkins yn oriel y capel, a chyn y gwasanaeth canent
alawon Cymraeg. Un ohonynt oedd 'Y Deryn Pur', a gofynnodd T.E.
am i hon gael ei chanu wrth i'r briodferch ddyfod trwy ddrws y capel.
Y stori yw i T.E. godi ar ei draed yn y sêt fawr pan ganwyd y geiriau

> Pan y'i gelwais, syth mi sefais
> Yn fy nghalon mi feddyliais
> Wele'r ddynes, lana'r deyrnas
> A'i gwên yn harddu'r oll o'i chwmpas.

Stori arall, sy'n berffaith wir yw i Annie sathru godre ei ffrog wrth
gamu o'r cerbyd ac wrth iddi unioni clywodd rhyw wraig yn dweud,
'That's unlucky for her.'

Gwahoddwyd Thomas Gee ac Ellis Jones Griffith i arwyddo'r
cofrestr. Nid oedd organ yn y capel y pryd hynny, ac ar yr harmoniwm
y cyfeiliai Miss Levi'r emynau, ond dywedir yn un papur mai Mr
T. A. Levi, sef mab Thomas Levi a ganodd y *Wedding March*
(Mendelssohn) wrth i'r osgordd ymadael.

Yn y Pier Pavilion y cynhaliwyd y neithior, lle'r oedd yr anrhegion
priodas wedi eu harddangos. Gwahoddwyd y cerddor a'r datgeiniad
enwog Eos Dâr (Daniel Evans) i ganu penillion, ac yn wahanol i druth
talcen slip Iolo Caernarfon, maent yn rhoi sylw dyladwy i Annie:

> 'Does ferch anwylach yn y tir
> Na'r ferch o sir 'Berteifi
> Wrth weld rhoi'r fodrwy ar ei llaw
> Mae Meirion draw yn gwenu;
> A dweud y gwir mae Cymru'i gyd
> Yn meddwl byd ohoni.

Gorffennodd trwy ofyn i'r gwahoddedigion,

> Llenwch y gwydrau bob yr un,
> Yfwn iechyd da y ddau'n gytûn,
> Mae Cymru gyfan yn bloeddio'n awr
> Byw byth fyddo Cynlas a Cwrtmawr.

Yna tynnwyd y llun swyddogol a bu cryn ddyfalu paham na ddaethai
mam T.E. i'r briodas. Ond yr oedd Tassie Hartley yn ei het rubanog
yno yn gwmni i Thomas Ellis.

Ar ddiwedd y prynhawn teithiodd Tom ac Annie mewn *saloon*

carriage a drefnwyd yn arbennig iddynt ar y trên i Amwythig. Oddi yno aethant ymlaen i'r Royal Hotel, Ross, sir Henffordd. (Ross-on-Wye erbyn hyn). Newidiodd Annie i siwt o sidan llwyd gydag addurniadau o liw fioled ar gyfer y daith a gwisgai het cantal llydan a weddai i un o'i thaldra hi. Yn *The Forerunner*, td. 266 dywed Neville Masterman 'As the most important Welshman in the Liberal party in a land the majority of whose inhabitants were Liberals, Ellis must have felt on his marriage day that he was regarded as a kind of uncrowned Prince of Wales.' Tybed sut y teimlai Annie?

Bu'n rhaid iddi fynd trwy'r profiad o ohirio ei phriodas oherwydd marwolaeth Gladstone. Dysgodd, cyn iddi uno â'r gwleidydd dylanwadol hwn mai eilbeth fyddai ei threfniadau hi os oedd gofynion y wladwriaeth yn torri ar eu traws. Yr oedd, wrth gwrs wedi hen gynefino â sefyllfa ei darpar-ŵr, a gwyddai beth fyddai o'i blaen wrth gytuno i'w briodi, ond yr oedd y cariad a gynigiai iddi yn goresgyn unrhyw ofnau. Rhaid cofio hefyd mai merch ei hoes ydoedd; ni ddisgwyliai ddim gwahanol.

Nid oes yr un o lythyrau Annie o'r Royal Hotel, Ross wedi goroesi, a rhaid dibynnu ar hynny o lythyrau ei mam a Lily ati sydd ar gael am ei hanes. Llythyrau ysgafn, chwareus yw rhai Lily, yn ei chyfarch 'My darling Monument' a 'My dear Pendinas.' Ar 7 Mehefin mae'n dweud:

> Your letter this morning created a stir of intense excitement at the breakfast table, it was read amidst a loud and vociferous applause and tears of emotion bedewed the food which was before us . . . My longing for you is quite chronic . . . I feel a great vacuum without your goddess-like form . . . you always have been a speciality among sisters and we one and all rejoice that you have found what seems to be such great happiness. Long may you and Mr. Tom be happy together. We have, and are being congratulated upon our new brother and we feel proud to receive them and visibly swell out with newly imported dignity . . . Everybody says how very angelic you looked on your wedding day.

Mae ei llythyr nesaf, 12 Mehefin yn dechrau

'My very dear Head-Nurse', ond y mae'n amlwg nad yw'n sylweddoli pa mor wael oedd ei brawd-yng-nghyfraith, 'I hope this sorrow, my dear has not made you digalon; cheer up. Men are always at their worst when ill. So you will have surmounted that great fear early in your married life.'

Arhosodd Jenny Ellis ymlaen yn Aberystwyth am rai dyddiau ar ôl y briodas; daliai'r anrhegion i gyrraedd, '. . . will they ever stop?'

Sonia Lily'n ddireidus am '160 ink stands', a '56 salt cellars'. Gwaith Mary, y chwaer ymarferol oedd pacio'r anrhegion a'u gyrru i Lundain.

Yn ystod mis Mehefin aeth Frances Davies i Fangor i aros gyda'i chwaer-yng-nghyfraith, gweddw David Charles Davies, brawd ei gŵr. Oddi yno mae'n mynegi ei rhyddhad iddi glywed gan Annie fod T.E. wedi troi ar wella, a'i bod hithau mor galonnog. Ond dal yn uchel oedd ei wres pan sgrifennai eto ymhen y mis. Bu Isambard Owen yn ei weld a'i rybuddio i ufuddhau i gyngor y meddyg. Cadwai Annie mewn cysylltiad â chyfeillion ei gŵr. Atebodd Alice Acland ei chŵyn am '. . . to be ill on our wedding journey . . .' rhywbeth yn debyg i Lily. 'Quite a tragedy' meddai cyn mynd ymlaen yn ysgafn

It is easy enough for a woman to learn to obey her husband, but it is not so easy for a husband to learn to obey his wife. Without doubt the sooner he learns to do so the better, and there is no time like that having a touch of illness for learning this most important lesson.

The question is has your husband learnt it yet? If he hasn't don't lose a moment. No sugar in his gruel, no little comforts till he is as meek as *you* would be under like circumstances.

But if he *has* learnt it, all is peace. All you have to do is to prevent his forgetting it.

Mae'r ymadrodd *touch of illness* yn ddigon i ddangos na wyddai pa mor ddifrifol oedd pneumonia i ŵr o gyfansoddiad T.E. Yn nes ymlaen mae'n difrifoli ac yn annog Annie i edrych ar ei hôl ei hun. Mae'n sgrifennu o Scarborough, lle treuliodd T.E. wyliau gyda hwy, ac y mae'n estyn gwahoddiad iddynt 'Any time will suit and for the longer the better.' Dyma ymateb D. R. Daniel pan glywodd i Isambard Owen fynd i Ross.

Fy annwyl Tom ac Annie

. . . y mae yn hynod o dda genyf glywed for Dr. Isambard Owen yn cadw mor fanwl at lythyren ei gyfraith; does dim dadl, er dros yr amser presenol, yn flin na bydd y cyfarwyddiadau a rydd dalu yn iawn am y dyfodol.

Ddechreu yr wythnos . . . cefais air oddi wrth J. Glyn Davies o Lerpwl wedi cyrraedd adre yn iach o New Zeland drwy America ac yn dechreu codi ei ffroen a sawru am Aberdaron a phen pellaf Lleyn. Druan o Glyn, dylasai fod wedi ei eni 50 mlynedd cyn ymddangosiad Whitfield a Howell Harries pan oedd mwyafrif trigolion ein hen wlad ar batrwm Simon y Pentre, Lewis Jones, Ellis Davies, Llidiart y Groes gyda dash o William Richards Tynybont . . .

Bu Mary ac Edward Jones, Trewythen yn Ross yn edrych amdanynt, ac o Gibraltar sgrifennodd Ellis Jones Griffith

'I have just seen the newspaper with an account of your illness . . . Do you remember that I began married life with a serious illness?'

Ar 24 Mehefin sgrifennodd Frances Davies,

'I wish I could come to see you. I suppose it is too far to go and come in a day? Is there anything we can do for you?'

Ymhen rhai dyddiau mae'n diolch i Annie am sgrifennu ati bob dydd. Nid oes yr un o'r llythyrau hyn wedi'i gadw.

'I have an idea that Tom will get rapidly better when he comes to Aberystwyth . . . People's anxiety about him is intensive. I am sure there is no man in Wales so much beloved as he is . . .'

Un achlysur y bu raid i Annie a Tom ei golli oedd yr Eisteddfod Genedlaethol a gynhaliwyd ym Mlaenau Ffestiniog yn ystod mis Gorffennaf. T.E. oedd i fod i lywyddu ar y dydd Mercher. Anfonodd D. R. Daniel atynt i fynegi ei siom

'. . . O resyn na buasech eich dau wedi cael dod i'r Ŵyl, yr oreu o bob Eisteddfod y buom erioed ynddi . . . Llwyddiant perffaith ym mhob cylch. O Feirionydd! Ti a ragoraist arnynt oll! A gresynaf fyth na chawsai y ddau yr ewyllysiai y Sir hono eu hanrydeddu uwchlaw pawb eraill fod yn bresenol . . .'

Gwahoddwyd Tywysog Cymru i lywyddu ar y dydd Iau, ond gan i hwnnw gael damwain, anfonodd ei frawd, Dug Caergrawnt yn ei le. Mae sylwadau David Daniel ar yr ymweliad brenhinol yn werth eu darllen.

. . . A'r unig brofedigaeth i chwaeth drwy y ddeuddydd hyn oedd yr hen gasgen gan y Duc. O, ddarostynigad! Yr oedd megys pe buasai Epa yn eistedd ar allor fawr St. Pedr, neu fochyn heb ei begio yn Nheml Solomon. 'Y ffieidd-dra anghyfaneddol yn y lle Sanctaidd.' Chwi wyddoch eich dau pa fodd y gall yr hen rychor gan Hwfa ddyrchafu ei swydd nes llenwi gwisgoedd prydferth Herkomer ac urddas offeiriadol yn ymyl hwn ac uchel awr yr Wyl. Ceisiwch feddwl am yr hen gorphyn Philistaidd wedi ei sokio a chwisgi. Ei drwyn fel Bolognia Sausage a'i dafod yn gwneud rhyw dwrw yn ei enau fel taten mewn gogr groen. Yr unig eiriau ellid eu deall oedd 'My family, Prince of Wales yn awr ac eilwaith . . .

Wedi i'r meddyg roddi ei ganiatâd i T.E. deithio, aethant i Aberystwyth am rai dyddiau. Ar 28 Gorffennaf aeth T.E. i Gynlas ar ei ben ei hun ac aeth Annie i Lundain. Dyma'r cyfle cyntaf a gafodd i weld ei chartref wedi iddi briodi. Yn naturiol bu'r gofal am y tŷ

189

yn pwyso ar ei meddwl yn ystod salwch ei gŵr. Sicrhaodd ei mam hi fod popeth yn iawn yn 9 Cowley Street, y forwyn yno a John a Walter yn cadw llygad ar y lle. Ond yno yr oedd hi am fod, yn datbacio'r anrhegion heb sôn am gynefino â'i chartref newydd. Bu ei brawd David yn gweld y tŷ cyn iddo dychwelyd i America.

'What a beautiful home you have,' sgrifennodd o 60 Chancery Lane, 'Everything is so refined. Nothing to offend the most artistic eye, not that I am much of a judge, but I think that even the uneducated can appreciate the absence of style and the presence of comfort.'

Nid diffyg chwaeth a olygai wrth *absence of style,* ond nad oedd dim byd ymhongar yn y dodrefn.

Mae Cowley Street mewn man gweddol dawel yn Westminster, ac yn gyfleus i Dŷ'r Cyffredin. Yn niwedd y bedwaredd ganrif ar bymtheg arhosodd y tai rhywbeth yn debyg i'r hyn oeddent pan godwyd hwy yn ystod teyrnasiad y Frenhines Anne (1702-14). Yn Great College Street gerllaw yr oedd y nofelydd Mrs Belloc Lowndes yn byw, wedi dyfod yno ychydig flynyddoedd cyn 1898. Chwaer Hilaire Belloc, y bardd a'r llenor oedd hi. Yn un o'i chofiannau *The Merry Wives of Westminster* (1946) mae'n sôn am dŷ Annie a Tom.

'Across the end of Cowley Street is a fine old house called Cowley House . . . the front door was in Cowley Street; it is now [*sef yn 1946*] in what has become wide Little College Street.

Of the then Merry Wives of Westminster I felt specially drawn to the handsome young woman who was the mistress of Cowley House. Her husband, Tom Ellis was a Welshman who had become a Member of Parliament at the age of twenty seven without either financial or social backing. So great was his ability and personal charm that he was made Chief Liberal Whip. On his marriage, political friends in each party had joined together to give him the lease of Cowley House as a Wedding gift.'

Yn ôl Mrs Lowndes, lampau paraffin a chanhwyllau a oleuai pob un o dai'r ardal pan aeth hi yno i fyw, er bod nwy yn y ceginau. Y peth cyntaf a wnaeth hi wedi mynd i fyw i'w thŷ oedd cael trydan i oleuo'r tŷ drwyddo. Dyna hefyd a wnaeth T.E. fel y gwelwyd yn ei lythyrau.

Yn ffodus, diogelodd Annie y cyfrif a gafodd T.E. gan y cwmni a osododd y dodrefn yn y tŷ, yn garpedi a llenni gyda'r holl fanion angenrheidiol. Mae'n ddogfen werthfawr am ei bod yn dangos sut gartref a fyddai gan Aelod Seneddol yn yr oes honno. Mae hefyd yn adlewyrchu chwaeth Annie a'i mam, heb anghofio i T.E. fynd gyda hwy ar y *furnishing peregrinations,* fel y cyfeiriodd yn un o'i lythyrau.

Nid yw'r cyfrifon yn cynnwys y gost o osod goleuadau trydan. Rhestrir yr holl stafelloedd a'u cynnwys.

Y prif rai oedd y stafell ginio, y stafell eistedd, y stafell fore neu frecwast a'r stydi. Yn ychwanegol yr oedd y cyntedd yn gynnwys lle tân, lobi a stafell 'molchi ac un fechan ar gyfer y teleffon. Carped Axminster oedd ar y grisiau a llenni melfed gwyrdd ar ffenestri uchel y cyntedd. Llenni tapestri gwyrdd gyda leinin merino oedd ar ffenestri'r stafell ginio a charped gwyrdd ar y llawr. Yma y gosodwyd yr hen gwpwrdd deuddarn ar ei newydd wedd, a'i alw'n *bureau*. Cerfiwyd ei ddrysau a'r drorau odditanodd yn gywrain ac ychwanegu pymtheg handlen haearn. Yn y stafell hon yr hongiai'r drych crwn mewn ffrâm aur gerfiedig.

Llenni sidan gyda rhesi pinc oedd ar ffenestri'r stafell eistedd, a'r carped yn las. O gwmpas y lle tân yr oedd dodrefnyn nas gwelir mwyach, ac eithro mewn amgueddfeydd. Fe'i gelwir yn *cosy corner fitment*; enamel gwyn oedd ei ddefnydd, yn ôl y rhestr, a chlustogau o dapestri sidan glas ar y seddau a'r cefn. Yr un deunydd a orchuddiai'r *chesterfield*, a deunydd sidan gyda rhesi glas a orchuddiai seddau'r cadeiriau Sheraton. Gelwir y ddau fwrdd bach hanner crwn, y cyfeirir atynt yn y llythyrau yn *Pier tables* crynion.

Am y stafell hon y dywedodd Mrs Lowndes ei bod '. . . as if it had been moved just as it was from a country house'.

Yn y stydi, carped Turkey oedd ar y llawr a gwyrdd oedd y llenni a gorchuddion y cadeiriau esmwyth. Yma yr oedd *American roll-top desk* enfawr, sy'n gwyreinbeth. Yn y stafell fore yr oedd y bwrdd mawr Sheraton oedd yn agor allan, ac y disgwyliech iddo fod yn y stafell ginio. Cedwid gorchudd melfed o liw aur arno, yn ôl ffasiwn y cyfnod. Pedair cadair ac un gadair freichiau Sheraton oedd o'i amgylch. Yr oedd carped gwyrdd ar y llawr a'r llenni o liw aur. Dyma'r stafell 'fyw', mae'n debyg.

Pedair llofft oedd ar y llawr cyntaf, gyda stafell wisgo'n agor allan o'r brif lofft. Uwchben yr oedd dwy lofft ar gyfer y morynion, a baddondy ar y landin uwchben y grisiau cefn. Oddi tan y prif risiau yr oedd drws yn arwain i'r gegin gyda chyrten trwchus, (*portiere* ar y rhestr) drosto. Cegin a chegin fach, a elwid yn *scullery* oedd i lawr y grisiau, pob un a'i ddreser a *linoleum* ar y lloriau. Ar gadeiriau Windsor yr eisteddai'r ddwy forwyn, a chadair freichiau bob un i ymlacio arni.

O'r rhestr ryddieithol, ymarferol hon ceir rhyw syniad am y math o gartref a ddisgwyliai am Annie pan aeth yno ar ei phen ei hun ddiwedd Gorffennaf 1898.

O Gynlas sgrifennodd Tom ati,

Mrs T. E. Ellis, 9 Cowley St., Westminster, London S.W.
[*Amlen gyda'r llythyren E (Gothig) arni.
Marc post 28 Gorffennaf 1898*]

Cynlas

My dearest Nansi,

Here I am all right — in the midst of warm welcome and *great
regrets* that you are not here. I drove up and it was really jolly
to go through the beautiful air and sunshine and through the
familiar haunts. I am really sorry that you should be journeying
through this heat but I hope you have found 9 Cowley St. a
real haven of rest.

I am sure 47 will make you a nice breakfast tomorrow.
Best love, my darling Nansi and many fond kisses from

Tom.

Drannoeth sgrifennodd drachefn, yn amlwg heb ddadflino ar ôl ei
siwrnai. Beryl oedd merch fach Mary ei chwaer.

Mrs T. E. Ellis, 9 Cowley St., Westminster, London S.W.

Cynlas, Corwen

Thursday, 28 July

My dearest Nansi,

All last evening we thought of you and grieved you were not
here. Minnie and Mary stopped and were very sorry not to see
you.

I felt a little tired last night and today have not quite settled
down . . .

I hope you are not very tired and that you have had a pleasant
day.

Emrys is a most lively and amusing toddler. I should not have
known him — so greatly has he changed. Beryl is very diddig
and sweet.

Good night, my love, my sweetest Nansi and fond kisses

from
Tom.

Wedi iddi gael rhyw ddeuddydd yn Cowley Street a setlo rhai materion ynglŷn â'r tŷ, dilynodd Annie ei gŵr i Gynlas, lle'r oedd yn cael ei faldodi, os dyna arwyddocâd y *butter muslin*. Mae'n dyfynnu geiriau ei fam mewn Cymraeg llenyddol, sy'n annhebyg iawn i'w ffordd arferol o siarad.

Mrs T.E. Ellis, 9 Cowley St., Westminster, London S.W.

Cynlas, Corwen.

29 July '98

My dearest Nansi,

It was a delight to have your letter this morning. I get up daily in time for post-time and breakfast.

I have had quite a heavy day's letter-writing so I am going to be very brief. It is a nuisance that McFarlane should be away but it would be intolerable for you to wait for him. So we are all looking forward to your coming tomorrow afternoon.

(This moment Mother, in peremptory tones, thus speaks: 'Tom yr ydech yn ysgrifennu gormod o lawer. Ewch oddiyma ar unwaith i orwedd a gorphwys'.)

I am *so sorry* to hear about Mr. Hudson.

Emrys is the centre of liveliness here. You and he, I think, will be great friends.

It has been cold here yesterday and today but I have had some drives and walks.

You may rest assured that butter muslin is duly encircling me till you return.

Prynhawn Da, my love, my Nansi, with kisses fond and sweet from ever your

Tom.

Yn ôl y *Cofiant II* aeth Tom ac Annie i ymweld â chyfeillion mewn gwahanol rannau o'r wlad yn ystod misoedd Awst a Medi. Gan eu bod gyda'i gilydd nid oes yr un llythyr, ac y mae'r ychydig ffotograffau bach sydd ar gael yn ddiddyddiad, ac ni ellir bod yn sicr pa bryd y tynnwyd hwy, na phwy yw pob un o'r cymeriadau. Ond nid oes amau hapusrwydd Annie; mae ei gwên yn goleuo pob llun, ei *straw-boater* ar ei phen. Yn nechrau Medi aethant i Aberystwyth ac ymunodd John ei brawd â T.E. er mwyn mynd ar drywydd Morgan Llwyd, fel y gwelir yn y llythyr.

Mrs T. E. Ellis, 20 North Parade, Aberystwyth

Cynlas, Corwen

Medi 14, 1898.

My dearest Nansi,

I was delighted to get your sweet letter this morning and to find that you had reached your journey's end comfortably.

We had a very interesting day. We got to Llan Festiniog at 12.20, lunched at the Pengwern Arms then went to the romantic Cynfel Glen where we climbed and walked and generally surveyed its beauties. Then we reached Cynfel where we remained till 6 o'clock examining the house, outhouses, walls, deeds, everything we could see or find. They gave us a delicious tea. David Daniel decided not to come to Cynlas this week but to come next week, so he walked to Penrhyndeudraeth (a good two hours' walk) so as to catch the train home. He had to be at Caernarvon today on business.

John and I got to Bala by 8.12 where Father met us. Tassie had been down in the afternoon, expecting us.

We found all well here. We gossiped till midnight!

This morning we finished breakfast at 10.0, and now at 12.0 we are taking early dinner before driving to Owen Edwards.

Tomorrow we go to Bob Ellis by the 9.10 train — if we can get up!

I find that we cannot reach Abergele on Friday except by the train which leaves Bala about 11.0, so, my dear girl, you must leave Aberystwyth by a very early train. It will be very jolly to see you at Bala. I felt yesterday and last night very strange without you.

We are all well here and all send their love to you all. John and Father are great friends and interchanging their 'barn' upon matters agricultural etc.

My love and kisses to you, my Nansi.

Ever your

Tom.

I hope Lily is very well after her sojournings.

Bu farw Thomas Gee ar 28 Medi; teithiodd T.E. o Aberystwyth
i Gynlas ar ei ffordd i'r angladd . . .

Mrs Thomas Ellis, 20 North Parade, Aberystwyth

Cynlas, Corwen

Oct 1, 1898
Saturday afternoon.

My dearest Nansi,

A word that I have arrived here all right and that I love you
very much. Principal R. and I ensconced ourselves with the
Bangor Professors and chatted away till we got to Glandovey
Junction, then we had a compartment to ourselves for more
confidential talk. It was very pleasant travelling owing to the
beautiful sunshine which lighted up every hill and valley.

Jennie met me at Bala and we drove up. She and mother pelted
me with questions about you, Winnie, father, John and all of
you.

I am not certain that we can send any letters tomorrow as
it is 'Sul cyntaf' and the preacher is here all day.

With my deep strong love and many kisses

Ever your

Tom.

Drannoeth, cyn mynd i Ddinbych, lle 'roedd i annerch yng
ngwasanaeth claddu Thomas Gee anfonodd y nodyn canlynol at Annie

Mrs Thomas Ellis, 20 North Parade, Aberystwyth

[*Marc post 2 Hydref 1898*]

Cynlas, Corwen

My dearest Nansi,

Only one word of fervent love. I have written a letter to Mrs
Gee and it has taken all my time.

It is very quiet here and I think of you every hour.

John Ty Hen is here inquiring for you.

Best love,

Tom.

Ar 8 Hydref yr oedd Annie a'i gŵr yn Nhywyn mewn cyfarfod o Ryddfrydwyr Meirion, a chyflwynwyd anrheg o hambwrdd arian iddynt ar achlysur eu priodas. Dywedodd un siaradwr fod T.E. i'w ganmol '. . . am nad aeth i wlad y Philistiaid i chwilio am gymar bywyd.'

Yr oedd Cymry Llundain wedi bwriadu cyflwyno anrheg briodas iddynt cyn diwedd Mehefin. Ffurfiwyd pwyllgor ym mis Mai, gyda E. Vincent Evans yn y gadair a T. J. Evans yn ysgrifennydd; y trysorydd oedd T. J. Harries. Yn *Celt Llundain* gwahoddwyd Cymry'r Brifddinas i gyfrannu, gyda'r amod '. . . ni dderbynir un tanysgrifiad uwchlaw gini, ond gellir anfon unrhyw swm o dan hyny.' Gwnaed hyn er mwyn i'r rhai mwyaf distadl o blith y Cymry fedru '. . . ymuno i ddanfon eu hatling . . . i'r drysorfa', chwedl yr hysbysiad. Yn nes ymlaen mynegwyd, 'Ymhlith y symiau sydd wedi dod i law mae llawer oddi wrth eglwyswyr, a deallwn eu bod hwythau yr un mor barod i ddadgan eu teimladau cynes ato . . .' Cyhoeddwyd y byddai'r gronfa'n cau ar 20 Mehefin, sef y dyddiad y byddai T.E. a'i briod yn ôl yn Llundain, ac yr oedd yr anrheg i'w gyflwyno yn yr Holborn Restaurant nos Fercher 22 Mehefin. Yn ddiweddarach cyhoeddwyd yn *Celt Llundain* fod pum cant o bobl wedi cyfrannu tuag at yr anrheg '. . . a'r mwyafrif yn ddynion a merched ieuanc sy'n gwasanaethu yn y ddinas.'

Fel y digwyddodd, ar fyr rybudd y trefnwyd y wledd ar gyfer 29 Hydref yn yr Holborn Restaurant; yr oedd i fod '. . . mor gartrefol a chymdeithasol ag y bo modd a rhoddir gwahoddiad i bob un sy'n teimlo'n gynnes at y mudiad.' Yr oedd i ddechrau am 7.30, a chyflwyno'r anrheg am naw o'r gloch.

Yr anrheg oedd 'Perdoneg Hardd yr hon oedd wedi costio dros gan punt.' Yn *Young Wales* dywedir iddi gostio dau gan punt. Piano *grand* o wneuthuriad Blüthner ydyw. Gyda hi, darparwyd *album* gydag enwau'r holl danysgrifwyr. Ar y clawr lledr ceir y geiriau canlynol mewn llythrennau aur

Rhodd Briodasol Cymry Llundain

I

Mr a Mrs Thomas E. Ellis

Mehefin 1 1898

Oddi mewn argraffwyd yr enwau, gan ddechrau gydag aelodau'r pwyllgor, mewn ysgrifen *copperplate* o ddeg tudalen.

Cyflwynwyd yr *album* i Annie gan Mrs T. J. Evans a diolchodd hithau mewn un frawddeg. Ni lefarodd T.E. yntau lawer mwy gan ei fod o dan y fath deimlad o ddiolchgarwch. Cynigiwyd y llwnc-destun

gan Mr Albert Spicer, A.S. a siaradodd D. Brynmor Jones, Ellis Jones
Griffith a William Jones. Adroddodd yr olaf dri englyn o'i waith ei
hun; taw piau hi! Methodd D. Lloyd George ac amryw gyfeillion eraill
â bod yno.

Dywedir yn y *Cofiant II*. tud. 290 fod 9 Cowley Street '. . . yn ystod
yr ychydig fisoedd y buont yno, yn gyrchfan yr hen gwmni a fu gynt
yn ymgynull yn "Y Wladfa" yn Chancery Lane'.

Ar 18 Hydref sgrifennodd Stuart Rendel at T.E.

My dear Ellis,

How much pleasure it gives me to hear from you!
You shot up to the zenith in your marriage and we all had you
so brightly in view and then came the eclipse and a sinking almost
. . . and we all felt the blank horribly.
    Are you quite come back to life and labour?
Where, I wonder will your winter be spent? At any rate you now
have home comforts and home care and something now of harbour
& anchorage in life than hitherfore. It was full time you had a
helpmate & your own hearth . . .'

Mae'n bychanu ei gyfran ef yn y cynllun o roddi lês y tŷ iddo'n anrheg,
a dweud mai Tweedmouth a wnaeth y rhan fwyaf o'r trefniadau.

'I earnestly hope that that has been done to the full approval of
Mrs Ellis and yourself . . .'

Am y cyfnod hwn y sgrifenna Mrs Belloe Lowndes am Annie,

'How fortunate I thought her, and how ideal was the life I believed
was spread before her, as the help mate of a successful young
statesman of whom all men spoke the good things he really deserved
should be spoken . . .'

Mewn llythyr a anfonodd Syr John Brunner at rieni T.E. adeg ei
farw, mae'n sôn am y cartref yn Cowley Street.

'. . . there was an atmosphere not only of refinement but of earnest
purpose, a home where one met notable guests, and where the
conversation ranged easily amongst subjects somewhat above the
ordinary level, yet not without much brightness and many flashes
of pleasant humour; best of all a home in which two people who
were agreed in all the most important sympathies of life, were fairly
bent upon walking together hand in hand in that path which is
called in Scripture 'the highway of the upright'.

Bu Michael D. Jones farw ar 1 Rhagfyr, a gwahoddwyd T.E. i
annerch yn y gwasanaeth claddu yn Llanuwchllyn. Felly aeth Annie

ac yntau i Gynlas ddechrau'r mis, ond manteisiodd Annie ar y cyfle i fynd i Aberystwyth yn lle aros i'r angladd. Yr oeddent i fynd ar fordaith i'r Aifft dros y Nadolig ac yn naturiol yr oedd Annie'n awyddus i dreulio hynny a fedrai o amser gyda'i mam, na fu'n hwylus iawn. Mr. L. D. Jones, Bangor oedd Llew Tegid.

Mrs Thomas E. Ellis, 20 North Parade, Aberystwyth

Cynlas, Corwen

9 Dec 1898

My Dearest Nansi,

There are two visitors here — Dr Hughes of Bala and Mr L. D. Jones of Bangor — so that there is no chance, before post-time, of writing a letter. I hope you found them well at North Parade and that you are enjoying yourself. There is a strong feeling of regret here that you left so early . . . Dr. Hughes and I had a very comfortable day. It was *beautifully* fine. The lake and the Arrans were simply lovely. The service in the chapel was very simple and passed off very impressively.

When we came to Bala I heard accounts of your away-going and how well you looked etc. etc. I hope you had a pleasant journey.

We have been quiet here today. Winnie drove to meet Jennie who brought news and papers. I have been resting quietly — getting up late, reading, correcting proofs, thinking of you and of our voyage, chatting with visitors and chaffing the girls . . .

Well my dearest Nansi, I am longing to be with you again. My best strong love to you and kisses many, many from your

Tom.

Y Diwedd

Ar gyngor y meddyg y penderfynwyd treulio'r gaeaf mewn hinsawdd gynhesach, a dewiswyd yr Aifft am fod T.E. yn awyddus i Annie ymweld â'r mannau lle bu ef yn 1889.

Mae'r llythyr nesaf yn dechrau gyda sylwadau ar ddau lythyr a amgaeodd Annie, yr oedd y peswch yn dal i'w boeni.

Mrs Thomas Ellis, 20 North Parade, Aberystwyth

Cynlas, Corwen

10 Dec 1898

My dearest Nansi,

It was a great joy to get your letter and to get a picture of your thoughts and doings . . .

I have today been making some arrangements for leaving — arranging clothes, papers, documents etc. etc. It has been very uninviting so far as weather is concerned so I have kept indoors.

I hope your mother is much better, and that Lily is quite recovered from the strain of her public utterances.

My cough is less troublesome and I feel that the rest is doing me considerable good.

I hope, my cariad anwyl, anwyl that you will have a very pleasant Sunday and that I shall see you all well and merry on Monday.

My best love to you all, but above all to you and with many kisses.

Ever your

Tom.

Wele cheque o Trewythen.

Hwyliodd Tom ac Annie yng nghwmni J. Herbert Lewis am yr Aifft gan gychwyn ar 22 Rhagfyr. Ar ddydd Calan 1899 sgrifennodd Annie at ei mam oddi ar fwrdd y llong Caledonia. *Gwaith Morgan Llwyd* oedd yn mynd â bryd T.E.

S.S. Caledonia, Sunday 1 Jan 1899

My darling Mother,

Let me wish you one & all a very happy and prosperous New Year. Though I am so many thousands of miles away from you, I am constantly thinking of you & wondering what you are doing.

We are about an hour & a half before your time here & I should imagine that you & Mary & Lily & John are just about eating your dinner, it is just 2.0'c. I only hope you have more *blâs* for it than I have. I have been rather ill again on Friday & yesterday & today. It is so silly of me, but if the boat pitches or rolls the least bit, I get to feel bad & I have lost my taste for nearly everything. But I must not weary you with these details, only I know by this time to my cost that I am a wretched sailor.

I am looking forward with great joy to the day after tomorrow, when we hope to reach Cairo; & Tom says that is the only thing which troubles him that the voyage is so nearly over. He is looking heaps better & feels very well too. So I don't mind how much I suffer if he gains some good by it.

We are nearing Crete. I don't suppose we shall see Prince George waving to us in passing. Yesterday we had a very fine view of Etna, though rather a distant one. We could see the smoke issuing from the crater & the mountain itself quite covered with snow except just where it had melted on the extreme top. Then we passed through the Straits of Messina, which are a couple of miles or more long. The scenery on both sides is very fine. On the Italian side, one sees nothing but a series of peaks of hills, with small villages lying at their bases. The cultivation of these hills is done on terraces, the hills being most fertile & every inch being utilised in this way . . .

But I must tell you of our visit to Marseilles. Mr. Lewis, Tom

& I left the ship about 10.30 on Thursday morning, started walking as we thought towards the town. When after walking about ¼ of a mile, Mr. Lewis in the purest French asked a passer-by the nearest way to the town, & he was told that we were quite in the wrong direction, so we retraced our footsteps & before very long got into a bus, which for 4d each put us down at the Central Post Office. There we posted our letters & looked round & then set forth to see the town. We wandered up & down the Boulevards until we got to the Cathedral which is modern Gothic in style. We went in & were greeted by the most horrible sounds. Mr. Lewis suggested it might be a phonograph & Tom thought there were some cats somewhere near the altar having a squabble & imagine our amazement when we found that there was a baptism going on, that the sounds we heard were the infant's screams. One was struck by the many things that went on there at the same time. In one corner this baptism, in another a poor woman confessing to her priest, in another some people kneeling & repeating prayers — & then almost immediately after the baptism ceremony was over the central doors of the building were thrown open & a wedding party began to assemble. The guests all stood in the body of the building, the men on one side & the women on the other. By & by the bride & bridegroom came in together & marched as far as the choir rails where there were two arm chairs, placed for them, the guests all following in double file. The ceremony was then gone through & we watched it for a time, but left before the end. During the ceremony one of the priests took the plate round for collection & all sorts of odd performances were gone through.

From there we went in a bus for some distance, until we got to a place where there was a lift, which took us up about 600ft. in 2 or 3 minutes. It was terribly steep, nearly perpendicular with only a very slight angle. When we got to the top, we had a most splendid view of the town, surrounded on one side by hills & on the other by the Mediterranean.

On top of this hill there is a most massive church called 'Notre Dame de la Garde'. On the very top of the building there is a huge statue in gilt of the Virgin & Child.

The view from these was really magnificent. Marseilles is a typical French town, with all the houses & buildings looking so flat. One thing was particularly noticable the atmosphere was perfectly clean, & not polluted by filthy smoke as all our larger towns are. With the exception of two or three tall chimneys just on the outskirts of the town, there was no smoke visible. It was a perfect day & we greatly enjoyed our little trip to these heights . . .

Divine Service is held on the ship every Sunday morning at 10.45 & as a rule the Captain & chief Engineers read the Service but this morning, one of the passengers, a Clergyman offered to take the service. So he did & began most valiantly at the appointed hour, but alas in about 10 minutes he had to disappear & someone else had to come & take his place.

Monday afternoon.

We are hoping to get to Port Said tomorrow morning & to Cairo by the evening . . . My dear love to you all, hoping you are very well. Always your loving

Annie

O Cairo ar 4 Ionawr anfonodd T.E. gerdyn at ei chwaer Jennie.

Ghezvich Palace Hotel, Cairo
Jan 4, 1899

Fy annwyl Jennie

Gair cyn ir post fynd i ddyweud ein bod wedi cyrraedd yn ddiogel. Cyrhaeddasom Port Said am saith bore ddoe. Ar ôl brecwast cymerasom ein luggage or Custom House er mwyn eu chwilio ar ein dyfodiad ir wlad. Ni welsoch erioed y fath *crowd* o greaduriaid dynol o bob lliw a llun na'r fath drymlwyth a chymysgedd o luggage yn cael eu lluchio au hulio ar ei gilydd . . . Ar ol dygn helynt a bloeddio a swn cawsom ein hunain yn gyfforddus yn y trên sy'n rhedeg ar hyd ymyl y Suez Canal i Ismalia. Cyrhaeddasom yno mewn llai na theirawr. Yn Ismalia newidiasom trên a chyrhaeddasom Cairo oddeutu 5.45 . . . Ein cariad an cofion cynhesaf attoch chi.

Tom.

Ar y fordaith adre yr anfonodd Annie y llythyr nesaf at ei mam.

S.S. Australia

Between Ismalia & Port Said

Monday, Jan 16, 1899, 9.30 a.m.

My dearest Mother,

Here we are on our way home! . . . We are travelling easily
& steadily up the Suez Canal. We are to reach Port Said between
2 & 3, where I hope to post this letter.

I am afraid it will be a very poor letter this time, as I am rather
tired, but it will tell you that we are very well. Tom is certainly
looking heaps better & his appetite is excellent. We have had
an excellent time in Cairo & I was very sorry to leave. We went
to the Pyramids & to Memphis (mentioned by Jeremiah) and
to Helonan & other places last week . . .

I have no *hwyl* for writing, so you will excuse me this time
I am sure. My dearest & best love to you one & all & I hope
there will be a letter from you at Marseilles.

Always your loving & longing daughter

Annie.

Yr un diwrnod sgrifennodd at Winnie, gan adrodd yr un hanesion.

My dear Winnie

Your letter reached us in Cairo some days ago, and we were
very glad to have news of you . . . We felt sorry to leave Cairo
for we have had a most enjoyable time during our stay there
& on account of the mildness of the weather, we were not
troubled with mosquitoes.

We spent a very jolly[*sic*] at the Pyramids, driving there from
Cairo, it is about 7 or 8 miles through an avenue of trees the
whole way wh makes the drive doubly pleasant.

Tom is looking exceedingly well & feels much better. I only
hope the effect of the voyage will be lasting.

I am in no hwyl for writing today as I am feeling rather tired and sleepy.

Our love to you all

Yours

Annie.

Mae llythyr nesaf Annie at ei mam o fwrdd y llong ar y Môr Canoldir. Mae'n ei arwyddo Pendinas, llysenw chwareus.

Jan 20th, 1899

In the Mediterranean

My dearest Mother,

We are on our way home, and tomorrow we hope to reach Marseilles. I have been very ill since we left Port Said on Tuesday & Wednesday. I was very miserable, but I am feeling much better by today. I don't want to go for another voyage for a long time. Tom was very sea sick on Tuesday, so that shows it was rather bad, as he did not suffer for a minute on our outward journey.

It is getting colder gradually as we travel northwards, and we shall feel it more as we have been in warmer chimes . . . There are not so many passengers on board. There are 2 Conservative M.P.'s & 3 Liberal & the whole lot seem to be very nice. I have no news & don't feel much *hwyl* for writing, so won't inflict myself upon you any longer.

My best love to you one and all hoping you are very much[*sic*].

Yours always,

Pendinas

Wedi iddynt fynd drwy Fae Biscay, anfonodd T.E. at Winnie.

Jan 27, 1899

My dear Winnie

We were delighted to get your interesting letter at Marseilles & to learn that you are all well. I hope Mary is well & the chicks.

We had a very pleasant voyage. From Marseilles to Gibraltar was smooth, sunny & most enjoyable . . .

We left Gibraltar Tuesday afternoon in nice weather & we had on Wednesday a mild warm southerly breeze to speed us up the coast of Spain & Portugal so that we were very fortunate. Yesterday we were in the Bay & though there was a considerable sea yet the wind was from a favourable quarter & we got through comfortably enough. Annie had occasional qualms but now in good spirits. We hope to reach Eddystone Lighthouse by about 1.00 and Plymouth soon after 2.0 & after passing through the customs to catch the 3.50 train & arrive in London about 10.0.

The trip has undoubtedly done me much good. Very little of the cough remains, none during the day & only a little in bed. I feel much fitter for work.

I hope that a letter from Cynlas will await me at Cowley St. Giving more news, especially as to the blaenoriaid newyddion.

Our united love to you all

Tom.

Fel y gwelir yn y *Cofiant*, aeth sylw T.E. bron yn gyfan gwbl ar ethol arweinydd newydd i'r Rhyddfrydwyr, ond ni chawn wybod dim am symudiadau Annie. Mae ei llythyr at D. R. Daniel yn llenwi rhyw gymaint ar y darlun. Deallwn i T.E. gael cyfle ar y fordaith i weithio ar y gyfrol gyntaf o *Weithiau Morgan Llwyd* (1899). Dechreuodd Annie hithau gyflawni'r dyletswyddau gwirfoddol hynny y disgwylid i wraig o'i safle hi eu gwneud. Ni ddaethant i ben ar ôl marw ei gŵr.

9 Cowley Street, Westminster

Jan 30, 1899

Fy anwyl Mr D. R. Daniel

Diolch fyrdd am eich llythyr ac am eich dymuniadau da. Buaswn yn mwynhau cael tipyn bach mwy o'ch hanes, ond mae'n debyg yn ol eich gyfeiriad 'Turf Square' eich fod yn reit brysur hefo'r ceffylau ac amryw bethau eraill.

Daethom adre yn iach ac yn hoenus ac yn llawn egni at gwaith y tymor. Mae Tom yn brysur iawn, ond yn wir fuodd yn brysur iawn trwy'r holl amser, ar y fordaith yn ol ac ymlaen — ac nid oes rhaid dweyd fod ganddo gwaith mwy ddyddorol yr amser hono, nag sydd ganddo nawr.

Mae yn fwy hawdd trin feddyliau a dywediadau un dyn, nag ydyw trin tafodau cant o ddynion:

But now I am going to ask you a favour, and I have barely got the cheek to ask you, but this is my request:- Will you kindly send me as soon as you like a short address suitable for delivering at a Temperance Meeting. During my stay abroad I broke my pledge and so I am quite unfit to prepare anything myself, and so I ask you (seriously) for your assistance, knowing you to be a man of such great information and varied talent, it would not require much thought or concentration to rattle off such a thing as I want. It is unbounded cheek, I know, but when a girl's husband leaves her in the lurch, what in the world has she to do, but appeal to his nearest friend?

I should feel everlastingly grateful if you could give me a few suggestions between this and a week today . . .

Cofiwch fi at Mrs Daniel á Peredur. Gobeithiaf caf air oddiwrthoch cyn bo hir. Mae Tom allan neu rwy'n sicr buasai yn rhoi rhywbeth cheeky ar diwedd y llythyr.

Cofion cynhesaf ein dau

Yr eiddoch

Annie J. Ellis.

Tom has read this & he says you will think I don't mean what I have said, but I do for I have to take the chair at a Temperance Meeting in Castle Street Chapel on the 11th & I have not got an idea of what I had better say, so crave your help & sympathy.

Anfonodd D. R. Daniel fraslun o anerchiad at Annie, fel y dengys y llythyr nesaf, ato. Arweinydd newydd y Rhyddfrydwyr oedd Syr Harry Campbell-Bannerman.

9 Cowley Street, Westminster

Nos Iau.
[*Chwefror 1899*]
[*Diddyddiad, diamlen*]

Anwyl Gyfaill,

Can bendith ar eich pen am eich caredigrwydd o anfon y fath manylion i mi. Maent yn gwerthfawr iawn. Yr oll sydd yn eisiau rwan ydyw tân nerthol a ychydig o ddawn i osod allan y gwirioneddau . . .

Tom is very pleased with the New Leader, he seems to have had a new lease of life & humour.

He spoke splendidly on Tuesday & everybody seems delighted with his prospects . . .

Our kindest regards to Mrs. Daniel & yourself & my most sincere thanks for your kindness in sending me the cuttings.

Yours very faithfully

Annie J. Ellis.

Trwy ryw ddigwyddiad ffodus, achubwyd un dudalen o ddyddiadur Annie am y pymthegfed o Chwefror y flwyddyn hon. Yn anfwriadol y goroesodd, yn ddiau, gan nad oes i'r diwrnod arwyddocâd arbennig:

Wednesday Feb 15th. In the morning Lily & I went to Oxford Circus & walked back thro' the Park. In the afternoon Lily & Mary went to Wallhamstow to see Helen & I went to leave cards on Lady Sieveright of Cape Town. Mrs Reeves came here to tea & in the evening we dined at the Asquiths. Lord & Lady Carrington, Sir Henry & Lady C.B. Mr & Mrs Reeves, Prof & Mrs Massingham, Lady Ribblesdale & Mr Bilson, Tom & I.

Went down to dinner with Sir Henry — for the 2nd time. He sat on Mrs Asquith's left & so I had every chance of studying her. A wonderfully vivacious woman. Every nerve seems to be striving to the utmost. No qualms has she of expressing her views. Sir Henry's description of Sir Wm Harcourt & John Morley very striking. Sir Wm was like a spoilt child who was told to stand in the corner to repent of his misdeeds. J.M. *'the petulant spinster'* who would not be comforted.

From there we went to Mrs Horners to a Reception . . .

Os cofnododd Annie bob dydd mor fanwl â hyn, byddai deunydd ei chofiant yn llawer cyfoethocach. Mae'r mymryn hwn yn dangos beth oedd adwaith Cymraes i fywyd cymdeithasol y gwleidyddion Rhyddfrydol; mor werthfawr fyddai medru cael ei hargraffiadau o fywyd Cymry Llundain.

Yn fuan ar ôl y cinio gydag Asquith a'i wraig trawyd T.E. gan ymosodiad o'r ffliw. Ond nid yw Annie'n mynegi ei phryderon amdano wrth sgrifennu at Mrs D. R. Daniel; nid am ei bod heb sylweddoli mor anffodus oedd iddo fynd yn sâl mor fuan ar ôl y gwyliau yn yr Aifft, ond am mai pwrpas y llythyr oedd holi am y forwyn, Mary Griffith. Yr oedd morynion yn destun cyffredin yng ngohebiaeth gwragedd â'i gilydd yn y cyfnod hwn.

At Mrs D. R. Daniel, Fourcrosses, sir Gaernarfon

9 Cowley Street, Westminster

March 1st, 1899

My dear Mrs Daniel,

I hope you and your better half are very well. Mr. Ellis is recovering from an attack of Influenza, he has been indoors for nearly a week and is much better today.

My domestic troubles are beginning. My housemaid is leaving me the end of March as she's going to follow in the steps of others by taking into herself a mate, and so I am on the look out for a housemaid waitress. I have heard this morning of a Mary Griffith, Plas Mel who has been housemaid waitress at Ceris for three years. It is Ceridwen Peris who has recommended her to my Mother and I shall be very grateful to you if you will let me know something of her. Tom is under the impression that she has been with you.

I keep a cook and a between maid who helps the housemaid in the morning & the cook in the evening. Will you let me know if she knows her work & is she a Methodist? We are such a houseful of Methodists here, that it might be hot for her if she is 'Independia Fawr' or something else. I must apologise for troubling you, but I like to know what I can about a girl's character before engaging her. I am just writing to her today to ask what wages she wants. With kindest regards to you all.

Yours very truly,

Annie J. Ellis.

Tystiolaeth D. Lloyd George a Llewelyn Williams yw i T.E. ddychwelyd at ei waith yn llawer rhy fuan, ac nid oedd yn un i arbed dim arno'i hun. Gwyddai ers dechrau'r flwyddyn 1891, pan aeth am archwiliad meddygol y gallai angau ddyfod yn ddirybudd '. . . I shall one day drop out of the ranks without much warning.' Ond yn hapusrwydd ei briodas, prin iddo fod wedi rhannu cyfrinach felly ag Annie. Mae'n sicr iddi hithau groesawu'r cyfle i dreulio gwyliau'r Pasg mewn gwlad gynhesach. Gwahoddwyd hwy gan Syr John Brunner i aros gydag ef a'i wraig a rhai cyfeillion eraill mewn gwesty yn Cannes yn Neheudir Ffrainc. Cyn cychwyn aethant i Gynlas i fwrw'r Sul 19 Mawrth.

Llythyr Annie a sgrifennodd at ei mam ar 2 Ebrill yw'r sôn cyntaf a geir am salwch T.E. Hiraethu am gyffyrddiad llaw ei mam a theimlo ei hagosrwydd y mae'r llythyr, er bod ei chyfeillion yn gwneud popeth i'w chysuro.

Hotel Metropole, Cannes

Sunday, April 2, '99

My dearest Mother & All,

I have been hoping to hear from you since we are here, but no word has come yet. I told you in my letter of Wednesday that Tom had a bad headache, he has had it ever since & this morning the pain was so agonising that we sent for the Doctor. I never have seen Tom give way to pain before & he must have suffered agonies this morning.

The Doctor has been & says he has a slight attack of pleurisy, that his temperature is far too high & that he must stay in bed for some days.

Evidently he ought to have kept to bed much sooner & to strict diet. His temperature was 102 this morning & his head has been aching terribly. I have been putting compresses of cold water & eau de cologne to his head & he has had his first dose of medicine & is somewhat relieved. It is so disappointing that he is taken ill again so soon. I think he was overfatigued by the journey here, & then we drove to Nice & back on Tuesday & did not get back until after sunset & Sir John thinks that that is the reason for this collapse. However I hope it will not develop further & that with care he will soon be well again.

We are having excellent weather & today is a lovely day, but how I do wish we were nearer home. The Brunners are very kind, but it is not like being at home. I will write to you tomorrow to say how he is, I cannot write much today, for I feel very dumpy, & quite unstrung. I would give worlds to have a good big cry on your knee Mama fach. I sometimes think my heart will break.

I hope this fit of depression will pass & that I shall be able to be brighter & wiser after this.

I will not write every day, you will know that if you don't hear Tom is better. Please write to me soon, how are you all? . . . With my best love & please write soon to your loving

Annie.

Rhyw awr wedi i Frances Davies dderbyn y llythyr gan ei merch cyrhaeddodd telegram oddi wrth Syr John Brunner wedi ei yrru am 7.40 a.m. 5 Ebrill.

Tom developed brain fever last night, is passing away. She slept well last night Nurse being in charge. Brunner.

Cyfeirio yr oedd at gwsg Annie. Anfonasai i Swyddfa'r Rhyddfrydwyr yn Llundain, ac anfonwyd telegram oddi yno i Aberystwyth yn rhoi'r un neges, gan ychwanegu

'. . . we tell you in case you may not hear direct we will wire you again immediately on receipt of further news.'

Am 8.20am. daeth yr ergyd a ofnai.

Tom passed away at 8 o'clock.

I will do everything necessary for burial at home. Brunner.

Ugain munud yn ddiweddarach anfonodd i ddweud

Shall bring Annie to-morrow evening and take her to Cowley Street. Brunner.

Yn y cyfamser, teleffoniodd y Pencadlys Rhyddfrydol.

A second telegram from Sir John Brunner says Mr. Ellis passed away at eight o'clock this morning and will be buried at Bala. Please accept deepest sympathy of everyone at Headquarters. If we can do anything, please let us know.

Ceir cyfieithiad o lythyr Syr John Brunner at rieni T.E. yn y gyfrol *Er Cof. Thomas Edward Ellis, Marchog Meirion*, lle mae'n sôn am y dyddiau olaf yn Cannes:

'. . . Dywedai ei fod yn teimlo yn lled dda pan gyrhaeddom Cannes, ond edrychai'n llwyd a blinedig . . . ar hyd yr wythnos cysgodd a bwytaodd yn dda. Dywedai wrthyf fod ei beswch wedi peidio dyfod a gwaed i fyny er pan gyrhaeddodd Cannes . . . ond teimlai beth cur yn ei ben; ond yr oedd yn ddiweddar wedi arfer cymaint â phoen fel mai ychydig a feddyliodd amdano, a gwrthododd gais parhaus Annie am gael myned i ymofyn meddyg . . . Nos Sadwrn daeth cyfnewidiad. Yr oedd mewn poen dirfawr . . . a methu cysgu dim. Arhosodd Annie i fyny gydag ef drwy yr holl nos, a dydd a nos hyd nos Fawrth, pryd, trwy garedigrwydd Arglwydd Rendel y cawsom nurse i gymryd ei lle. Nis gallai dim fod yn fwy na'i ffyddlondeb a'i gofal cariaidd o Tom, a chyhyd ag y parhaodd ei ymwybyddiaeth yr oedd yn bleser i ni weled mor ffyddlawn yr oedd i'r hyn a wnâi, ac mor ddiolchgar ydoedd.

Yn fore ddydd Sul daeth Annie ataf, a dywedodd mor bryderus yr oedd yn ei gylch, ac yn ddiymdroi anfonais am feddyg . . .'

Bu dau feddyg yn ei weld, a'r

'. . . ddau yn cytuno fod yr afiechyd hir yr haf diweddaf a'r Influenza anffortunus y flwyddyn hon wedi gwanhau Tom i'r fath raddau fel yr oedd gwellhad o glefyd yr ymenydd yn beth amhosibl. Nid oes dim amheuaeth nad oferweithio ei hun a ddarfu Tom . . .'

Ni allwn ond dychmygu teimladau Annie yn ystod y dyddiau tywyll hyn. Bu raid iddi wynebu taith drwy Ffrainc ac yna i Lundain ac agor drws ei chartref gan wybod na ddeuai Tom byth yno eto. Taith arall wedyn i Aberystwyth a gweld ei mam, y bu'n hiraethu amdani trwy gydol salwch cystuddiol Tom. Ond yr ymdrech galetaf fyddai gweld claddu corff ei gŵr yng Nghefnddwysarn, a gwybod y byddai sylw'r holl dyrfa arni. Ddeng mis ynghynt wynebodd dyrfa arall, un lawen, afieithus yn Aberystwyth. Ond yr oedd Tom yn ei holl gadernid a'i gariad yn disgwyl amdani yn y capel yno. Gwahanol iawn fyddai'r gynulledifa dawel yn y Capel Mawr yn y Bala, ac er bod ei mam a'i chwiorydd a'i brodyr yn gefn iddi, ni allai dim ddileu'r unigrwydd llethol a'i goddiweddai. Clywodd deyrngedau cyfeillion Tom, a chlywodd Iolo Caernarfon yn ei weddi yn gofyn i Dduw gynnal ei hysbryd a'i chyflwyno i'w nawdd; clywodd ganu'r emyn 'O, sancteiddia f'enaid, Arglwydd' a chofio'r tro diwethaf y clywodd ei ganu.

Gorymdeithiodd y rhan fwyaf o'r dyrfa fawr yr holl ffordd i Gefnddwysarn, a'r perthnasau yn dilyn mewn cerbydau. Hwy, a rhai cyfeillion agos a aeth i'r fynwent. Neilltuwyd cae cyfagos i'r holl alarwyr eraill. Ynghlwm wrth y dorch o flodau a oedd ar yr arch rhoes Annie ei neges olaf: 'Cu iawn fuost genyf fi; rhyfeddol oedd dy gariad tuag ataf fi. Nansi.'

Safodd yn unig uwchben y bedd agored a thaflu blodyn ar ôl blodyn ar yr arch gan sibrwd ei enw wrth wneud hynny. Dyma ei hawr anoddaf, gorfod mynegi ei theimladau dyfnaf yng ngŵydd torf o bobl. Pa faint bynnag o gysur iddi oedd y galar a'r parch diffuant a ddangoswyd y diwrnod hwnnw, trwy ei chalon hi yr aethai'r cleddyf.

Wedi iddi ddychwelyd i Aberystwyth anfonodd lythyr at D. R. Daniel

My dear David,

Once some little time ago my dear Tom told me to call you 'David' & told you to call me 'Annie'. *Then* I felt a little loth to do it, *now* I feel I must, & I know you will not mind for *his sake.*

I cannot write today of our dear Tom, but I will do so soon . . .

I should like you so much to see our little home where we were so happy & where Tom used to revel in the kindness of his many friends & where the happiest hours of my life & I think I can say of Tom's life were spent.

If you can make it possible to come to London I shall be so glad to see you, before I have to leave one of the most sacred spots on earth. Oh! David mae hi yn galed i weld y goleuni trwy'r cwmwl du yma, ond rhaid distewi.

Yr eiddoch yn hiraethlawn am y gyfaill gore

Annie J. Ellis.

Yna aeth yn ôl i Lundain, ac er mwyn gwneud pethau fymryn yn haws iddi trefnodd ei brawd John i aros gyda hi am rai misoedd. Cyfeiria ei chyfeilles Guli (Willis) at y cyfnod hwn yn ei llythyr at T. I. Ellis ym mis Ionawr 1944.

'I see Annie now in that sad lonely London home of theirs, her black dress, her slim, tall figure and how she cried as we talked together . . .'

Golygai'r cartref hwn gymaint iddi, y tŷ lle buont mor hapus gyda'i gilydd, fel y mynegodd yn y llythyr dirdynnol hwn at D. R. Daniel, cyfaill bore oes i Tom.

9 Cowley Street, Westminster

May 15th, 1899

Annwyl Gyfaill,

Diolch o galon am eich llythyr garedig, 'roedd yn dda iawn genyf ei gael. Rwyf yn teimlo fel yn nesu yn nes at gyfeillion Tom, a mor dda gennyf gwybod eich bod yn parhau i feddwl amdanaf. Rwyf yn fawr obeithio y byddwn yn gyfeillion da *hyd y diwedd*, a p'un ai chi neu y fi eiff adre gyntaf, gall y naill neu'r llall dweyd ein hanes i fy anwyl anwyl Tom.

Mae'r *blank* ofnadwy yn fy mywyd yn myned yn fwyfwy bob dydd, rwyf weithiau bron a methu byw un awr yn hwy — ond mae nerth yn dod i mi a rwyn gallu mynd yn mlaen ac yn gallu feddwl, a bod yn ddiolchgar am y ddwy flynedd diweddaf hyn, yn enwedig y flwyddyn olaf. Mor llawn mae hi wedi bod o'r melus â'r brudd!! Mae'r adgofion yn fynd yn fwy felus bob dydd ac yn fwy cysegredig ac mewn ffordd yn fwy *sad*, ac anhawdd ydyw weithiau hyd yn nod eu crybwyll. Oh! mae hi yn galed yma weithiau, rwyf yn teimlo fy nghalon ar dori gan feddwl nad oes dim gwellhâd i glwyf mor ddwfn. Golli yr agosaf o bawb, a'r fath un; un oedd bob amser mor dyner a chariadus! Ar amserau rwyf bron a meddwl nas gallaf byw wrthyf fy hun heb Tom. Ond wedyn rwyf yn meddwl fy mod yn ei glywed yn dweyd wrthyf 'Be brave Nance bach' a mae hyn yn fy nerthu i fynd ymlaen gyda'm goruchwylion.

Rwyf wedi meddwl llawer iawn amdanoch. Cymaint roedd Tom wedi siarad amdanoch a cymaint roedd y meddwl ohonoch. O bawb o'i gyfeillion ychi oedd yr agosaf. Felly gallaf gwybod mesur eich hiraeth a'ch galar, a rwyf yn cydymdeimlo a chwi o'm calon.

Mae John yma yn byw hefo mi, rwyf yn bwriadu aros yn y tŷ yma am dymor ac ymhen rhyw flwyddyn gallaf gweld sut yr wyf yn sefyll.

Rwy'n credu ta dyna fydd y *last straw* — os fydd rhaid gadael y tŷ yma. Byddaf ddim yn rhyw hir iawn wedyn cyn fyned at Tom — Ond caf nerth yn ol y dydd, rwyn gwybod hynny. Ond mae'r dyfodol yn edrych yn dywyll iawn ar hyn o bryd . . .

Rwyf yn amgau llun Tom a gymerwyd yn Cannes ddydd Sadwrn Ebrill laf — i chwi ei gadw. Mor siriol a chalonog mae yn edrych onid ydyw?

Rwyf wedi byw yr wythnos hono, yn enwedig y diwrnodau olaf, throsodd a throsodd filoedd a'r filoedd o weithiau. Nid wyf yn meddwl am dano yn Nghefnddwysarn o gwbl — yn Cannes ffarweliodd a mi, gyda'r geiriau 'Nansi bach cariad anwyl' rhyw awr cyn i'r ysbryd mynd adre, ac felly rwyf yn meddwl am dano yn rhyw rhan arall, rhyw planed arall efallai, yn gweithio mor egniol ag yr oedd yma.

Ond mor dywyll mae pob peth ty draw i'r llen. Ond fe ddaw goleuni rhyw ddiwrnod; hyd yr amser hwnw mae eisiau fydd cref iawn i credu fod pob peth yn 'cyd weithio er daioni'.

Rwyn meddwl yn aml os oes ar Tom hiraeth am ei anwyliaid yr ochr yma? Rwyf braidd yn feddwl y fod. Er fod cymaint o gyfeillion yno yn ei groesawi mae rhai o'i anwylaf yr ochr yma. A fel y mae yn disgwyl am danynt i croesi'r Iorddonen . . .

Mae John yn ysgrifenu atoch ynghylch mynd i Lansannan, fel yr oeddem wedi trefnu a cynllunio i fynd yno, ac i fynd i

Festiniog ar y ffordd adre. Nid oeddwn wedi bod yn Festiniog gyda Tom, a roedd wedi addaw i mi fynd yno y Sulgwyn. Ond dyma'r Sulgwyn wrth y drws, ond nid ydyw Tom yma. Oh mae hi yn galed . . .

Mae yn amser i mi fynd i'r gwely, felly nos Dawch gyda chofion cynesaf attoch oll.

Fyth yr eiddoch yn gywir

Annie J. Ellis

Ni wyddai yr adeg yma ei bod yn cario plentyn a ddeuai 'â goleuni rhyw ddiwrnod' i'w bywyd.